Ellen Seeler

DAS GROßE BUCH
DER STERNENMÄRCHEN

26 spannende Geschichten
für Jung und Alt über die bekanntesten Sternbilder
an unserem Abendhimmel. Mit über
70 Sternbildern und über 60 farbigen Illustrationen
reich bebildert.

VERLAG PEGASUS & PARTNER
im Winter 2000
Den Text und die Sternbilder- Bearbeitungen
besorgten Manfred und Dirk Ullmer.
Die farbige Umsetzung der Sternbilder schuf Erik Ryan-Hauber.
Die farbigen Illustrationen aquarellierte Volker Loskill
und lektoriert wurde von Alexander Willich.

Die Deutsche Bibliothek - CIP-Einheitsaufnahme

Seeler, Ellen:
Das Große Buch der Sternenmärchen : 26 spannende Geschichten
für Jung und Alt über die bekanntesten Sternbilder an unserem
Abendhimmel mit über 70 Sternbildern / Ellen Seeler . -
Füssen : Pegasus-Verl., 2001
  ISBN 3-929371-10-3

INHALTSVERZEICHNIS

ZUR ENTSTEHUNG DIESES BUCHES

Manfred Ullmer gebührt ganz besonderer Dank, daß wir mit diesem Buch heute Jung und Alt erfreuen können. Über 10 Jahre widmete er sich der Veröffentlichung dieser schönen Sternenmärchen. Nachdem der Verlag Ernst Wunderlich in Leipzig seine Tore geschlossen hatte, war die Ausgabe bald vergriffen und die wunderschönen Sternenmärchen von Ellen Seeler bald vergessen, wenn....

Ja, wenn nicht eine gute Seele aus Leonberg weder Mühen noch Kosten gescheut hätte, vierundzwanzig der Sternenmärchen mit einfarbigen Illustrationen von Traute Bühler-Kistenberger in Eigenregie herauszugeben. In mühevoller buchbinderischer Handarbeit kopierte und konfektionierte Manfred Ullmer diese Bücher zu einem Kleinod gegen das Vergessen. Seine Mühen waren nicht vergebens, denn nun findet er für dieses Buch ein neues Zuhause: den Verlag Pegasus & Partner.

Heute nun kann er mit Genugtuung auf seine Neuveröffentlichung mit den ursprünglich von Ellen Seeler vorgesehenen 26 Märchen „ganz in Farbe" blicken. Die einfarbigen Illustrationen als Vorlage wurden - zur Freude der Kinder - einfühlsam in leuchtende Aquarelle übertragen und beleben bildhaft wie auch farbig diese Märchen. Auch die Sternbilder erhielten einen Hintergrund, der ihren Namen sichtbar macht, was wohl nicht nur die Kinder besonders begrüßen werden. Wird so doch viel leichter nachvollziehbar, warum z.B. das Sternbild „Kleiner Bär" auch so heißt.

Der Verlag Pegasus & Partner
Füssen im Winter 2000

7

VORWORT VON MANFRED UND DIRK ULLMER

Vor sechzig Jahren begann Ellen Seeler, von ihrer Dachstockwohnung aus, den Sternenhimmel intensiv zu beobachten. Um ihren drei kleinen Töchtern Freude zu bereiten, erfand sie, durch die Betrachtung der Sternbilder angeregt, sechsundzwanzig kleine Himmelsgeschichten. Auf diese Weise wollte sie die Liebe zu den Wundern des Sternenhimmels wecken, die Phantasie der Kinder anregen, ihnen aber auch den Zugang zu vielen mit den Sternbildern verbundenen Sagen des klassischen Altertums verschaffen.

1948 veröffentlichte der Ernst Wunderlich Verlag in Leipzig - wegen der damals herrschenden Papierknappheit - nur einen Teil dieser Märchen. Da der Verlag später aus Altersgründen des Inhabers aufgelöst wurde, ist das Buch seit Jahrzehnten vergriffen. So ist es ein besonderes Anliegen, auch im Hinblick auf die vor zwei Jahren verstorbene Autorin, jetzt den Zyklus vollständig herauszugeben, nachdem er zwischenzeitlich nur in einer mehr „privaten" Ausgabe vervielfältigt worden war.

Außer den genauen Zeichnungen der Sternbilder von Dirk Ullmer, welche in einen leicht nachvollziehbaren Hintergrund von Eric Ryan-Hauber liebevoll in den Himmel gebettet wurden, ergänzen über 60 Illustrationen - farbig aquarelliert von Volker Loskill - die Geschichten dieses Buches. Ein Anhang bringt ergänzendes Wissen über die wichtigsten Sternbilder und Sagengestalten. Aus dem Inhaltsverzeichnis ist leicht zu ersehen, in welcher Jahreszeit die einzelnen Sternbilder am besten zu beobachten sind. Eine angenehme Zeit mit Ellen Seelers Sternenmärchen wünscht Ihnen von Herzen

Manfred und Dirk Ullmer   Leonberg, im Winter 2000

EINLEITUNG

Es dunkelte, und das Abendläuten klang über die verschneiten Dächer. Der Alte und das Kind saßen vor dem kleinen Fenster und blickten über die einsamen Wiesen und Felder, die im Dunkel verschwammen. Ein weiter Himmelsbogen spannte sich darüber, und allmählich begannen die Sterne zu leuchten. „Das ist der Garten der Ewigkeit; Gott zündet seine Lichter an", sagte der Alte aus seinem Sinnen erwachend. „Was ist das", fragte das Kind nach einer Weile, „Ewigkeit?" „Es ist die Zeit Gottes, für die unser Menschenmaß und unsere Menschenweisheit zu klein sind. Du kennst die Geschichte vom klugen Hirtenbüblein?" Das Kind nickte. „Wie ging es doch, Großvater? Erzähle sie mir noch einmal."

Der Alte faltete seine arbeitsharten Hände und sprach, als lese er in einem Buch: „Der König fragte nach der Ewigkeit", und das Hirtenbüblein antwortete: „Weit, weit von hier liegt ein Diamantenberg, der hat eine Stunde in die Höhe, eine Stunde in die Breite und eine Stunde in die Tiefe; dahin kommt alle hundert Jahre ein Vögelein und wetzt sein Schnäbelein daran, und wenn der ganze Berg abgewetzt ist, dann ist die erste Sekunde von der Ewigkeit vorbei."

Er schwieg, und sie schauten wieder still hinaus in den unendlichen Raum, in dem immer neue und neue Sterne erglänzten. „Fern, so unsagbar fern und groß wie die Ewigkeit ist auch der Garten Gottes, aus dem uns die Sterne leuchten. Kein Mensch kann sie zählen, und jeder von ihnen ist viel, viel größer als unsere ganze Erde. Gott nur kennt sie alle und lenkt ihre Bahn und gab jedem sein Leben und seinen Weg." „Großvater, erzähl mir doch von den Sternen", sagte bittend das Kind.

Und der Alte begann zu erzählen ...

IM FRÜHLING

Polarstern

Der
kleine Bär

Bootes
der Bärenhüter

Arktur

12

Der Bärenhüter

Es lebte einmal ein fleißiger und tüchtiger Mann, den nannten sie Bootes. Er arbeitete von früh bis spät auf seinen Feldern und ließ das goldene Korn wachsen. Alles, was er besaß, war seiner Hände tägliche Arbeit, und das Brot, das er aß, war in schwerer Mühe errungen. Doch da er nicht nur fleißig, sondern auch klug war, dauerte es nicht lange, und er baute sich einen Pflug, mit dem er die Erde lockern konnte und vor den er zwei Stiere spannte. Von nah und fern kamen die Leute und staunten über seine Geschicklichkeit, und sie gingen nach Hause und bauten sich ähnliche Geräte, und eines schönen Tages gab es im ganzen Land niemanden mehr, der ohne Pflug seine Äcker bestellte.

Nun hatte der König des Landes eine Bärin und ihr Junges in seinem Schloß. Die waren gar wild und schrecklich, so daß nur er selbst sie bändigen konnte. Er erlaubte aber auch nie, daß einer den Tieren Gewalt antat. Wenn die Bärin die Stimme ihres Herrn hörte, war sie zahm und friedlich. Kaum hatte aber der König sich abgewandt, so wurden die Tiere zum Schrecken des ganzen Hofes. Sie vernichteten den Garten mit den prächtigen purpurnen Königsblumen und zerbrachen die Bäume, die voll süßer Früchte hingen; sie schreckten das Vieh, daß es angsterfüllt auseinanderstob, und die Kinder schrien vor Furcht, wenn sie die Rachen mit den großen Zähnen vor sich sahen und die schweren, schwarzen Tatzen. Und niemand konnte die gräulichen Tiere in Zucht halten.

Eines Tages begab es sich, daß der König für längere Zeit fortreiten mußte; da trat der Oberhofmarschall zu ihm und flehte ihn an: „Herr König, laßt uns nicht allein mit den schrecklichen Raubtieren, die alles vernichten, die unsere Kinder schrecken, und die wir nicht strafen dürfen." „Ja, was soll ich denn da tun?" sagte der

Der
grosse Bär

König voller Sorgen. Der Oberhofmarschall wußte keinen Rat. Aber der alte Messerschleifer hatte zugehört, der immer unten am Tore stand und in besinnlicher Ruhe sein Rädchen drehte und über alles in der Welt nachdachte. „Herr König", sagte er, „wenn ihr auf mich hören wollt, so nehmt euch den Bootes zum Hüter der Bären. Das ist ein kluger Mann." Der König war es zufrieden, und über eine Weile stand Bootes vor des Königs Thron: „Bootes", sagte der König, „getraust du dich, solange ich fort bin, meine Bären zu hüten und für sie zu sorgen?" „Wenn's weiter nichts ist, Herr König, so will ich es gern versprechen", sagte Bootes. Da zog der König fort, und Bootes blieb bei den Bären.

Als der erste Morgen anbrach, ließ er sich aus der Schatzkammer des Königs eine schöne, goldene Armspange geben und dazu eine lange, feste Kette mit einem mächtigen Pflock. Den schlug er in die Erde hinein, so tief, daß zwei Ochsen ihn nicht hätten herausreißen können. Die beiden Bären standen bei ihm und sahen neugierig auf sein Beginnen. Das rote Gold funkelte in der Sonne, und der kleine Bär streckte mehr als einmal die Pfote danach aus, als wäre es süßester Honig. Bootes tat, als merke er gar nichts. Mit ruhigem Schwung hämmerte er auf den Ring und schmiedete ihn an der langen Kette fest. Einen Tag und eine Nacht saß er so vor seiner Arbeit, und die Bären wichen ihm nicht von der Seite. Als die Morgensonne mit ihrem Schein die Erde streifte, erglänzte der goldene Ring so wunderbar, daß beide Bären einen tiefen Seufzer taten. Aber Bootes beachtete es nicht. Er streifte den Ring auf den Arm und saß, als sei nichts geschehen, an der langen Kette und ließ die Sonne auf dem Golde funkeln und spielen.

Als er so eine Weile gesessen hatte, kam der junge Bär zu ihm und fragte, ob er ihm den Ring nicht geben wolle. „Nein", sagte Bootes, er gefalle ihm selber sehr gut und es sitze sich sehr schön in der Sonne. Da ging der kleine Bär zur Mutter und maulte, und

16

sie tröstete ihn und kraulte ihm den Kopf. Aber er wollte sich nicht zufrieden geben und blickte den ganzen Tag nach dem funkelnden Golde. Zur Nacht kam der kleine Bär wieder zu Bootes und fragte, ob er ihm den Ring nicht geben wolle. „Nein", sagte Bootes, es säße sich sehr schön so beim Mondenschein, und der Ring gefalle ihm selbst sehr gut. Aber die Armspange funkelte so herrlich durch die Nacht, daß der kleine Bär ganz traurig zu der Mutter zurückkehrte, und wenn er an den Ring dachte, ganz tief seufzte. Am anderen Tag hielt es die Bärin nicht mehr aus; sie ging selber zu Bootes und bat ihn, dem kleinen Bären den Ring zu geben. Aber Bootes wollte davon nichts wissen. Es gehe nun einmal nicht, und er erfand immer neue Ausreden.

Die Bärin ließ jedoch nicht nach, und nach langem Zögern erklärte sich Bootes bereit, dem kleinen Bären den Ring für einen Tag und eine Nacht zu geben, doch müsse die alte Bärin versprechen, daß sie sehr gut auf ihn aufpassen würde. Die Bärin war mit allem zufrieden, und der kleine Bär setzte sich still auf die Stelle, wo Bootes gesessen hatte und ließ sich anketten, und die alte Bärin legte sich sorgsam zu ihm ins Gras, und beide freuten sich den ganzen Tag an dem funkelnden Golde. Bootes aber ging zufrieden ins Schloß und ließ sich ein gutes Bett bereiten und schlief sich vor allem tüchtig aus.

Als der nächste Morgen anbrach, ging Bootes zu den Bären, die still und ängstlich dasaßen und nur eines fürchteten: Bootes könne ihnen den schönen Ring wieder fortnehmen. Bootes tat auch sehr ungeduldig: er müsse den Ring jetzt unbedingt zurückhaben. „Noch einen Tag!" bat ihn die Bärin flehentlich. Der kluge Bootes tat, als könne er sich nur ganz schwer entschließen. „Aber mehr dürft ihr mich nicht darum bitten, denn wenn der Ring noch eine Nacht auf deinem Arm bleibt", so sagte er zu dem kleinen Bären, dann ist er angezaubert, und niemand kann ihn abnehmen, bis der König zurückkehrt." Und dann ging er schmunzelnd ins Schloß und ließ sich die schönsten Speisen vorsetzen und die herrlichsten Getränke und schmauste an des Königs Tafel nach Herzenslust.

So kam der dritte Tag heran, und wieder ging Bootes zu den Bären. Ohne ein Wort zu reden, begann er den Ring abzunehmen. Doch der kleine Bär wurde so schrecklich traurig, daß große Tränen über sein braunes Fellchen liefen, und er sagte, er wolle lieber für immer angekettet werden, als den schönen Ring verlieren. Bootes tat eine Weile sehr unwillig und freute sich dabei doch im stillen, daß ihm die List so gut gelungen war; dann aber forderte er von der großen Bärin das Versprechen, daß sie den kleinen Bären nie mit dem Ring allein lassen dürfe, und beide versprachen ihm alles. Er wußte aber, daß sie auch ohne Versprechen nicht von der Stelle weichen würden, und daß er nun ohne Sorge sein könne.

So war es auch. Bootes lebte gute Tage im herrlichen Schloß des Königs, und die Diener und Hofleute achteten ihn wegen seiner Klugheit, da sie sahen, daß die schrecklichen Tiere Tag um Tag friedlich nebeneinander lagen. Und so verging die Zeit. Es kam schließlich die Nachricht, daß der König heimkehre und viel Reichtum mitbringe. Und besonders wurde ein herrlicher Edelstein gerühmt, der mehr Wert sei als alles Gold der Welt. Doch als die letzten Tage vor der Rückkehr angebrochen waren, da lag ein schwüles Gewitter über dem Lande, und das Vieh und die Menschen waren unruhig und gereizt, nur Bootes kümmerte sich nicht um Himmel und Erde und lebte weiter in Freuden. Indessen waren auch die beiden Bären von der Unruhe ergriffen worden, und der kleine Bär begann wieder mit etwas Neuem zu quälen. „Ich will Honig haben", fing er an. „Wir haben doch keinen Honig", wollte ihn die Bärin beruhigen. „Ich will aber Honig haben", bestand der kleine Bär. Und da die Alte ihm keinen Wunsch abschlagen konnte, sagte sie: „Sei still, ich gehe und werde dir Honig bringen." Aber der kleine Bär quengelte noch immerfort. Die Bärenmutter eilte nun zu den alten Eichen, wo sie in der Höhlung immer schönen Honig wußte. Aber das lange Liegen auf der faulen Haut hatte sie ungeschickt gemacht, und statt des Honigs hatte sie bald den Pelz voller Bienen. Brüllend lief sie durch den Garten, und die Leute sahen mit Schrecken, wie wild und furchtbar sie wieder war. Sie liefen zu Bootes und baten: „Ach hilf uns, hilf uns, sonst sind wir verloren!"

Da trat Bootes aus dem Schloß und sah die Bärin. Er sah aber auch, daß sie von den Bienen verfolgt wurde, und daß sie nicht aus Zorn, sondern vor Schmerzen heulte. Er lief, die Bärin einzuholen, und lief hinter ihr her, so schnell er konnte. Und so liefen sie drei Tage und drei Nächte immer um den ganzen Himmel herum, aber eine große und dicke Biene hatte sich auf den Schwanz der Bärin gesetzt und stach sie so fürchterlich, daß das gepeinigte Tier gar nicht aufhörte zu brüllen. Der kleine Bär war vor Schrecken ganz still geworden und saugte ängstlich an seiner Pfote. Endlich gelang es Bootes, die Bärenmutter einzuholen. Er jagte die Biene fort und schalt die Bärin: „Warum hast du meine Weisungen nicht befolgt? Warum bist du nicht bei dem kleinen Bären geblieben? Nun hat dir der Zauber des Ringes Unglück gebracht, und ich muß ihn wieder von euch nehmen." Da wurde die Bärin ganz betrübt und bat: „Bootes, laß uns doch den schönen Ring." Aber Bootes schüttelte

19

stumm den Kopf und begann den Ring abzunehmen. „Ich kann ihn euch nicht geben; denn dann
bleibt der kleine Bär für seine ganze Lebenszeit an den Pfahl ge-
kettet, und dich wird die böse Biene quälen." Während er noch
so sprach, erklang in der Ferne fröhliches Rufen, und munterer
Hörnerschall verkündete die Rückkehr des Königs. Bootes horchte
auf, aber die beiden Bären sprangen erfreut hin und her. „Laß uns
den Ring noch eine kurze Weile, bis wir den König gesehen
haben", baten sie, „wir wollen alles ertragen, nur nicht den goldenen Ring verlieren." Und Bootes ließ sie gewähren.

Als nun der König Einzug gehalten hatte und nach den Bären und
Bootes sehen wollte, fand er alle drei ganz friedlich nebeneinander.
„Wie ist es euch ergangen?" fragte er. „Gut ist es uns ergangen,
aber wir haben eine große Bitte, Herr König", sagte die Bärin fle-
hend. „Ihr sollt mich nicht umsonst gebeten haben", entgegnete
der König gnädig. „Laß uns für immer hierbleiben und den goldenen Ring weitertragen", bat die Bärin, „so wollen wir dich nie mehr
um etwas bitten." „Und ich will nie wieder um Honig betteln", fügte
der kleine Bär hinzu. Da sah der König erstaunt und fragend auf
Bootes. Der aber wandte sich lächelnd ab. „Wenn euer Glück
damit zu erreichen ist, so will ich es euch gerne gewähren", sagte
der König erfreut über die ruhigen und zahmen Tiere. „Dir aber,
mein lieber Bootes, bin ich für das Wunder, das du an meinen
guten Tieren getan hast, zu großem Dank verpflichtet. Mein
ganzes Land redet von deiner Kunst und Kraft. Sag an - womit soll
ich dich belohnen?" „Herr König", sprach da Bootes, „nicht um
Lohn tat ich, was ich tat. Das Gelingen ist der schönste Lohn, und
daß ihr zufrieden seid, erfreut mein Herz." „Du hast eine schwere
Aufgabe erfüllt", sagte der König, „und der Lohn für deinen Dienst
soll eines Königs würdig sein. Nimm diesen Stein, den ich mitgebracht habe, er heißt Arktur und leuchtet wie kein anderer weit und
breit. Den trage mit Stolz, damit die Leute wissen, daß kluger Tat

der höchste Lohn gebührt." Und Bootes trug den Stein Arktur in hohen Ehren und hat noch viel Gutes vollbracht.

Am Himmelszelt aber sieht man, wie er immer noch hinter dem großen Bären herläuft; man sieht auch die Biene am Schwanz des großen Bären. Der kleine Bär aber sitzt bis an den heutigen Tag an seiner schönen goldenen Kette.

 *Ende*

Berenike

Es lebte einmal in einem Lande ein guter und hochherziger König. Er lehrte die Weisen und sammelte um sich die Gelehrten. Die Werksleute und Steinmetze mußten zur Freude des ganzen Volkes schaffen und Sänger und Harfespieler die Feste verschönen.

Aber der König war noch jung, und es wurde ihm gar einsam in seinem weiten Schloß. So dachte er darüber nach, ob er nicht eine Frau suchen sollte. Er fragte seine Räte, ob sie ein Mädchen wüßten, das wert sei, Königin zu werden. Die weisen Männer überlegten lange, aber keine schien ihnen so schön und so gut und so klug, wie sie die Königin des Landes wünschten. „So will ich mir selbst eine suchen", sagte der König. Aber die Räte fürchteten, eine böse Hexe könnte ihn verblenden, und so rieten sie ihm, er möge doch einen klugen Mann zu Hilfe nehmen. Dem König war es recht. „Bringt mir den klügsten Mann des Reiches", sagte er, und sie brachten ihm Bootes, den Bärenhüter. „Willkommen, Bootes!" rief der König. „Bist du bereit, mir zu helfen?" Der Bärenhüter verneigte sich schweigend vor seinem Herrn. „Sage mir, du kluger Mann", meinte da der König, „woran erkennt man am sichersten eine rechte Frau?" „Wenn ihr, Herr König, meinem Rate folgen wollt, so werdet ihr nie fehlgehen", sprach Bootes. „So sprich!" ermunterte ihn der König. „Rote Wangen können lügen, zierliche Glieder und eine liebliche Stimme können dich täuschen; nur im Auge der Frau darfst du ihre Seele suchen." „Wohl hast du gesprochen, Bootes", lobte der König. „Nun will ich gehen und mir eine Frau suchen."

23

Bootes

Die Jagdhunde

Arktur

Coma
„Das Haar
der Berenike"

So wanderte er unerkannt durchs Land und suchte die Augen der Mädchen. Er sah eine Schöne über einen Brunnen gebeugt, das Wasser zu schöpfen. Ihre Locken waren wie feine Seide und sie gefiel ihm wohl. Doch als sie vom klaren Spiegel des Brunnens aufschaute, glänzten ihre Augen in Eitelkeit und Gefallsucht. So ging er weiter und sah ein anderes Mädchen. Sie war zierlich gebaut und trug in einem Körbchen schöne Äpfel, um sie feilzubieten. Sehnsüchtige Kinderaugen hingen an den lockenden Früchten, doch das Mädchen schaute nur nach den Reichen, die vorübergingen. Als der König ihr ein Silberstück in den Teller warf, blickte sie auf, aber er erkannte nur Geiz und Gier in ihren Augen. Und wieder ging er weiter und kam an einen Garten, der voller Unkraut war. Ein Mädchen stand darin, es hatte die Arme müßig auf den Gartenzaun gestützt, es sang ein Lied und schaute voller Langeweile in die Ferne. Als sie die Augen zu ihm aufschlug, war darinnen nichts als leere, träge Träume.

Schließlich war er des Suchens müde und ging wieder heim. „Du hast mir wohl einen guten Rat gegeben", sagte er zu Bootes, „hast mich die Frauen sehen gelehrt. Doch was hilft es mir? Nun finde ich keine mehr, die mir gefallen könnte. Es ist schlimm, die Frauen gut zu kennen, wenn man nicht alleine bleiben will." Da lächelte der Bärenhüter: „Nur das Geringe findet ihr auf jeder Straße. Wer Edles sucht, der braucht Geduld." „Willst du mir beim Suchen helfen?" fragte der König. Der Bärenhüter nickte. „Ich will die rechte Frau finden. Gebt mir zwei Jagdhunde aus eurem Stall, so will ich gleich auf die Suche gehen."

Damit war der König zufrieden und führte ihn zu seinen Hunden. Lange wählte der Bärenhüter. Endlich kam er mit zweien heraus. „Da hast du dir die schlechtesten geholt", meinte der König. „Der eine ist blind, und der andere ist taub. Sie sollten schon längst ihren Gnadenschuß haben." Bootes lächelte. „Das Auge blendet,

26

das Ohr täuscht, wenn man die Seele suchen geht. Mir sind diese Hunde gerade recht." Der König staunte über den wunderlichen Mann, doch ließ er ihm seinen Willen.

Und Bootes wanderte mit den beiden Hunden fort. Er ging nicht die großen Straßen mit den vielen Menschen, er ging in den einsamen, stillen Wald. Und als er Tag und Nacht gewandert war, wurden die Hunde unruhig. Sie rissen an den Leinen und zogen ihn mit sich fort, und schließlich stand er an einer einsamen Hütte. Vor der Hütte saß ein Mädchen, das war so schön wie die Sonne, denn ihr Haar glänzte golden, und wie ein prächtiger Mantel legte es sich um ihre Schultern. Nie hatte der Bärenhüter etwas so Schönes gesehen. Einen Augenblick stand er still vor Bewunderung und freute sich des schimmernden Haares. Dann aber erinnerte er sich seines Auftrages und wollte nicht vorschnell urteilen. Er wandte sich deshalb ab und blickte auf den Jagdhund, der blind war. Doch dieser legte sich still dem Mädchen zu Füßen und schmiegte seinen Kopf in den Saum ihres Kleides. Da sagte sie leise mit weicher, klingender Stimme: „Ich heiße Berenike. Sag an, Fremdling, was ist dein Begehr? Wenn du meine Hütte nicht verschmähst, so will ich dir ein Mahl bereiten."

Aber der Bärenhüter wandte sich wiederum ab und blickte auf den Jagdhund, der taub war. Da sah er, daß auch der sich still zu ihren Füßen legte, als spüre er die Güte, die von ihr ausging. Nun zögerte der Bärenhüter nicht länger und bat das Mädchen, ihm zum Schlosse des Königs zu folgen. Dort wurden sie mit Ehren empfangen, und der König dankte Bootes für seinen guten Dienst,

denn er erkannte, daß er keine lieblichere Gemahlin hätte finden können. So bat der König Berenike, seine Frau und Königin zu werden. Sie willigte mit Freuden ein, denn sie sah, daß der König ein guter und ehrlicher Mann war. Die Hochzeit, an der alles Volk teilnehmen konnte, wurde mit Pracht gefeiert. Und nie hatte das Volk eine bessere Königin.

Das goldene Haar der Berenike aber leuchtet noch heute vom Sternenhimmel, und die beiden Jagdhunde sind noch immer neben dem Bärenhüter Bootes zu sehen.

Ende

Das blutende Herz

In jenen Tagen, da man noch von der Wirksamkeit der Zauberei wußte, schickte ein König seinen Sohn in die Welt: „Ich habe dich alles gelehrt, was zu einem guten Ritter gehört. Überall findest du Bedrängte, die auf dich hoffen. Ziehe in die Welt, und stehe ihnen bei. Nun mußt du dich als Ritter bewähren."

Der Jüngling folgte dem Rat seines Vaters und handelte danach. Er bestand große Abenteuer, und sein Ruhm erfüllte den Erdkreis. Und trotzdem konnte er sich nicht entschließen heimzukehren. Er wollte das Ende der Welt sehen, in dem der Anfang aller Dinge beschlossen liegt. So wanderte er weiter, und vieles wurde ihm kund, was den Menschen sonst verborgen bleibt. Schließlich gelangte er an das Wasser der Unendlichkeit und glaubte schon das letzte Geheimnis zu schauen, da tauchte aus der Tiefe die Hüterin des Unsagbaren auf, eine schreckliche Schlange, deren Leib kein Ende nahm. Ehe er sich's versah, hatte sie ihn mit scharfem Zahn mitten ins Herz getroffen. Wie von einem Pfeil durchbohrt, fiel der Jüngling zur Erde. Die Schlange sprach ihre Zauberworte und aus dem kühnen Jüngling entwich die menschliche Seele, so daß er ein wilder Löwe wurde. Aber das Herz des Löwen blieb eine offene Wunde. Jeden Tag fiel ein Tropfen Blutes herab und versank ins Meer. Es verging Jahr um Jahr und niemand wußte, wo der Jüngling geblieben war, und das ganze Land trug Trauer um ihn.

Nun lebte da eine Jungfrau, die war schlank und biegsam, und eine helle Haarkrone schmückte ihr Haupt. Sie war lieblich wie eine Kornähre, darum nannte man sie Spika. Wenn des Abends am Spinnrad von des Jünglings Taten erzählt wurde, so war ihr Herz voll, und sie wünschte mit heißer Inbrunst, daß er glücklich

Regulus

Der Löwe

Die Wasserschlange

heimkommen möge. Einmal im Frühling hatte sie dann einen sonderbaren Traum. Ihr träumte, ein schwarzer Rabe käme zu ihr ans Fenster und klopfe an die Scheiben. Und als sie das Fenster öffnete, da flog er auf ihre Schulter und erzählte ihr, daß weit in der Ferne ein wütender Löwe lebe, der sei ein verzauberter Königssohn. Jeden Tag falle aus dem rotleuchtenden Königsherzen ein Blutstropfen ins Wasser, und die schreckliche Wasserschlange sammle die Blutstropfen auf dem Grunde ihres unendlichen Reiches.

Als das Mädchen noch etwas fragen wollte, erwachte es, und der Traum war vorüber. Doch sie konnte ihn den ganzen Tag nicht vergessen, und als sie am Abend eingeschlafen war, sah sie den Raben wieder, und er sagte, der Königssohn sehne sich nach Erlösung und habe ihn ausgeschickt, eine Jungfrau zu suchen, die rein und mutig wäre, denn nur sie könne ihn vom Zauber erlösen. Da wollte die Jungfrau wissen, wie sie den Königssohn erlösen könnte, doch wieder erwachte sie, und der Traum war zu Ende. Aber er ging ihr nicht aus dem Sinn, doch sie sagte niemand ein Wort. Und als es Nacht war, da sah sie den Raben zum dritten Mal. Diesmal sagte er ihr, wenn sie den Königssohn erlösen wolle, müsse sie ans Ende der Welt wandern und mit einem goldenen Becher in drei Tagen drei Blutstropfen aus dem Herz des Löwen auffangen, ehe er ganz und gar verblute.

Als die Jungfrau am Morgen erwachte, sah sie am Fenster den goldenen Becher stehen. Da wußte sie, daß der Rabe die Wahrheit gesprochen hatte. Sie überlegte, was zu tun sei, und da sie niemand ihren Traum erzählen wollte, beschloß sie, den klugen Bärenhüter Bootes aufzusuchen und um seinen Rat zu fragen. Der Bärenhüter wußte sogleich, was sie wollte, denn er hatte die Gabe, den Wind flüstern zu hören und kannte alle verborgenen Dinge. Er sagte zu dem Mädchen: „Tue, was dir dein Herz rät, und höre auf

Die Jungfrau

Spika ●

Der Rabe

Der Becher

die Botschaft aus der Ferne." Da fragte die Jungfrau: „Bootes, du bist so klug - sage mir, warum ist der Königssohn verzaubert?" Und Bootes antwortete: „Dem Kühnen gehört die Welt, dem Leidenden das ewige Geheimnis. Der Königssohn vermaß sich zu erobern, was man nur im Leid erschauen kann. Nun muß das Löwenherz verbluten, damit der Königsstern aufleuchten kann." „Bootes", fragte die Jungfrau unsicher und zaghaft, „darf ich denn dahin gehen, ans Ende der Welt? Wird nicht derselbe Zauber mich strafen, wenn ich mich dem Unsagbaren nähere?" Doch Bootes beruhigte sie: „Wenn dich die Stimme ruft, so ist es auch dein Weg. Der Schritt ins Leben führt dich immer dahin, wo Zeit und Ewigkeit, Tod und Leben in eines fließen." „Bootes", fragte da die Jungfrau weiter, "was soll ich mit dem Becher tun und mit den drei roten Blutstropfen?" Nachdenklich blickte der Bärenhüter sie an. „Wenn du einst drei Söhne haben wirst, so streiche ihre Stirn mit den letzten drei Tropfen Löwenblut, daß sie tapfer werden und doch ihre Grenze kennen; daß sie Mut finden, sich für das Gute einzusetzen." Das Mädchen dankte ihm aus ganzem Herzen für alle seine Worte. „Ich werde nichts davon vergessen", sagte sie und machte sich auf den Weg.

Nach vielen, vielen Tagen, nach Wanderungen voller Mühsal, sah sie im scheidenden Tageslicht von fern das Ende der Welt. Und als sie näherkam, erkannte sie auch den Löwen. Er kam ihr entgegen und legte sich still und ergeben zu ihren Füßen. Sie streichelte sein rauhes Fell, so daß es glatt und seidig wurde, und sie fühlte seine matten Herzschläge, denn der böse Zauber ging zu Ende. Aber noch drei Tage mußte sie an seiner Seite ausharren, denn jeden Tag fiel nur ein Blutstropfen in ihren goldenen Becher. Als aber der letzte Tropfen den Becher gefüllt hatte, da sank die Löwenhaut zu Boden und ein schöner Jüngling stand vor ihr. An der Stelle des Löwenherzens flammte ein so schöner, heller Stern, daß sie vor Freude ihre Hände faltete. Und der Königssohn sprach: „Du hast mich erlöst, und hast mir mein Reich wiedergegeben. Darum will ich dich mit mir nehmen, du sollst meine liebe Gemahlin werden." Er blickte auf die Haut des Löwen, die da vor ihm lag und sagte: „Ich habe getan, was meine Kraft mir gebot." Er schaute auf das unendliche Wasser, in dessen dunklem Grund die Schlange haust und sprach: „Dem großen Geheimnis habe ich mein Herzblut dargebracht." Dann blickte er die Jungfrau an und sagte: „Deine Liebe und deine Beharrlichkeit haben mich wieder zum Leben erweckt." Und er nahm sie an der Hand und führte sie mit sich in sein Königreich.

Nach dem Tode des Vaters bestieg er den Thron und herrschte viele Jahre in Weisheit, Güte und Gerechtigkeit. Die Jungfrau wurde seine Gemahlin und schenkte ihm drei Söhne, von deren Ruhm noch viele Geschlechter voll Bewunderung, Verehrung und Ehrfurcht sprachen.

Am äußersten Rande des Sternenhimmels, unter all diesen Zeichen, da erstreckt sich, schwer zu erkennen, die ungeheuer lange Wasserschlange mit dem großen Auge, das sie einstmals Alphard nannten. Noch heute sehen wir an der Stelle des Löwenherzens den hellen, leuchtenden Königsstern Regulus. Man sieht die letzten Blutstropfen als Sterne in den Becher fallen. Im Sternbild der Jungfrau strahlt die Spika vor allen anderen Sternen, und der Rabe ist noch immer an ihrer Seite.

Ende

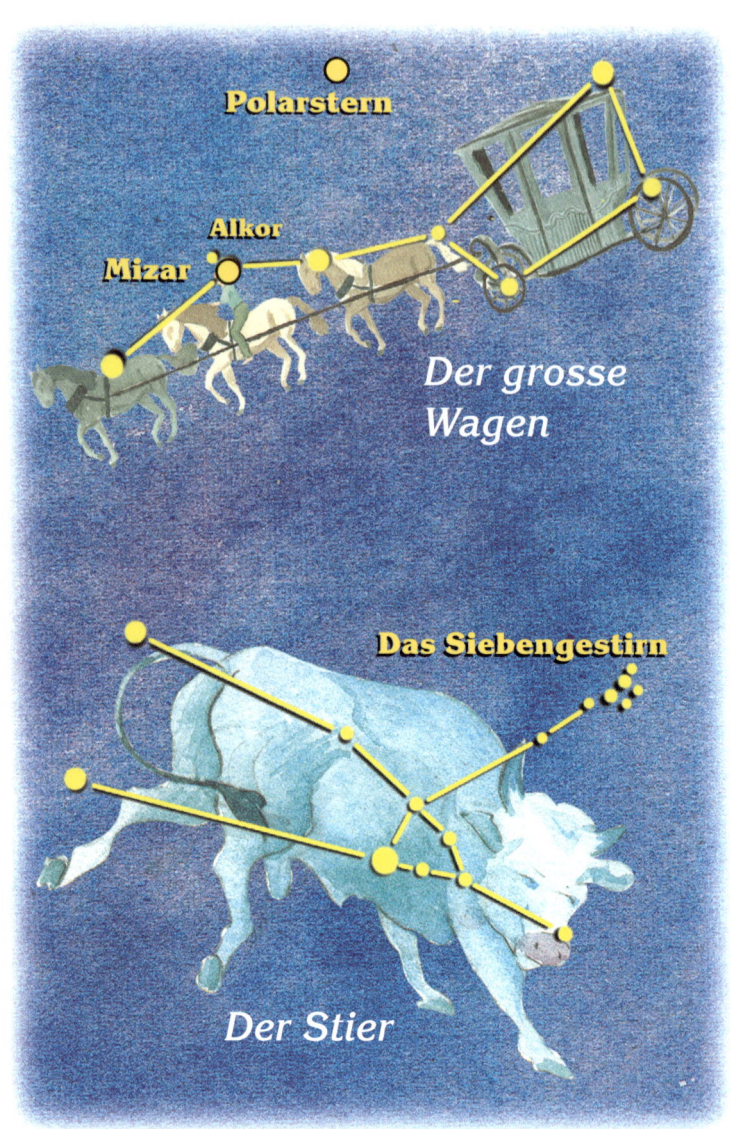

Polarstern

Alkor

Mizar

Der grosse Wagen

Das Siebengestirn

Der Stier

38

Das Reiterlein

Es waren einmal sieben kleine Sterne, die hielten gute Freundschaft und waren unzertrennlich. So nannte man sie das Siebengestirn. Sie lebten auf der sonnigen Himmelswiese, dort, wo der wilde Felsenberg des Stieres Aldebaran in die Wolken reicht, lagen sie im grünen Gras und freuten sich an den vielen gelben Butterblumen. Die Bienen summten den ganzen Tag auf und ab, die Hummeln brummten freundlich im Sonnenschein, und die bunten Schmetterlinge schaukelten auf den Blütenstengeln. Das war ein lustiges Leben tagaus, tagein, wie man sich kein besseres denken konnte. Aber schließlich gab es auch auf der Himmelswiese einmal Regenwetter - sieben Tage lang. Da hatten die Butterblumen die goldenen Schirmchen zusammengefaltet; die Bienen blieben in ihren Baumstämmen, die Hummeln waren in die Erde gekrochen, und die Schmetterlinge klappten ihre Flügel zusammen. Da wurden auch die kleinen Sterne ganz mißmutig.

Dem Jüngsten aber, er hieß Alkor, gefiel dieses Leben gar nicht, und da er ein unternehmungslustiger kleiner Stern war, beschloß er also, auf die Wanderschaft zu gehen. Er machte sich auf und ging geradeaus, immer die Milchstraße entlang, und die Sterne sahen ihm neugierig nach und wunderten sich. Aber er winkte ihnen nur lachend zu und wanderte weiter. „Wohin willst du, kleiner Alkor?" fragte der Polarstern, der solche Unruhe nicht recht vertragen konnte, denn er steht immerfort fest, stets auf dem gleichen Platz. „Stets geradeaus!" rief ihm Alkor zu. „Aber warum bleibst du nicht an deinem Platz?" „Weil ich die Welt sehen möchte", rief der kleine Alkor. „Was es da wohl zu sehen gibt!" brummte der Polarstern. „Die Sterne ziehen ihre Bahn, die Erde dreht sich, die Menschen werden nicht gescheit, und die Welt bleibt ewig dieselbe." Er steckte den Kopf wieder unter sein weißes Eisbärenfell

40

und schloß die Augen. Der kleine Alkor lachte und marschierte vergnügt weiter. Aber allmählich wurde er müde, er war gar nicht weit gekommen und hatte auch noch nichts Rechtes erlebt. „Ach, wenn ich doch ein Pferd hätte, dann brauchte ich nicht so lange zu laufen", dachte er, und je müder er wurde, um so größer sein Wunsch.

Da hörte er hinter sich ein munteres Klappern, und als er sich umblickte, sah er einen herrlichen goldenen Wagen, den zogen drei schöne Pferde. Da hatte er plötzlich alle Müdigkeit vergessen. „Hallo!" rief er übermütig, „hier ist noch einer, der mitfahren möchte." Aber der große Wagen achtete gar nicht recht auf den kleinen Wicht, und sagte ganz von oben herab: „Was du für Einfälle hast! Ich fahre seit ewigen Zeiten nur für die größten und mächtigsten Kaiser der Erde!" Und dabei wiegte er sich stolz in den Federn. Nun war Alkor ganz betrübt und wußte nichts mehr zu sagen. Er spürte seine müden Füße und fand keinen Rat. „Sind denn das richtige Kaiser? Mit goldenen Kronen?" wollte er schließlich noch wissen. „Und was für Kronen! Aus lauter Perlen und Edelsteinen. Aber nun störe nicht und mach, daß du fort kommst." „Wenn ich doch auch solch ein Pferdchen hätte", dachte Alkor bei sich und betrachtete den feurigen Rappen, der an der Spitze trabte. Sein Fell glänzte blank und schön, eine dichte Mähne fiel über den geschwungenen Hals, und an den Hufen glitzerten kleine Sterne.

Der arme Alkor seufzte so laut vor sich hin, daß Mizar, die schöne silberne Stute in der Mitte des Gespannes es hörte. Und der kleine Stern, der nun so trübselig dahertapste, tat ihr leid. „Woher kommst du", fragte sie den Kleinen. Alkor faßte Vertrauen und freute sich über die freundliche Stimme. Er erzählte von der schönen Himmelswiese und von seinen sechs Freunden dort, vom Polarstern und von seinem Herzenswunsch, ein Pferd zu haben. Da lachte die silberne Stute und sagte: „Du hast große Wünsche, kleiner Alkor, da kann ich dir wenig helfen. Aber wenn du Lust hast, bei mir aufzusitzen, dann können wir es ja eine Weile miteinander versuchen." Der kleine Alkor freute sich, wie sich nur ein Stern freuen kann, und flink hatte er sich an der langen, silberweißen Mähne emporgeschwungen. Da saß er nun auf dem breiten Rücken der Stute und konnte alles ringsherum weit überblicken. „Aber nun mußt du ruhig sitzen und darfst dich nicht umsehen", mahnte ihn die Stute Mizar. „Wenn du das vergißt, mußt du wieder zu Fuß wandern!"

Der kleine Alkor nahm sich die Worte wohl zu Herzen, und weil es ihm da oben so gut gefiel, blieb er auch artig und sah sich nicht um. Er machte sich ganz klein und schmiegte sich in die dichte Mähne der Stute Mizar, und man muß schon sehr helle Augen haben, um ihn zu erkennen.

Noch heute sitzt das jüngste Sternlein des Siebengestirns als Reiterlein dort, und wenn es weiter so folgsam ist, wird es wohl auch sitzen bleiben. Im Siebengestirn aber sind seitdem nur noch sechs Sterne zu sehen.

Ende

43

IM SOMMER

Gemma

Es lebte einmal eine reizende, kleine Prinzessin. Ihre Augen waren klar wie ein blauer See, wenn die Sonne sich darin spiegelt, und ihr Haar leuchtete wie das goldene Krönlein auf ihrem Haupt, mit dem funkelnden Edelstein darin. Tag um Tag saß sie in ihrem Schloß, und jeden Tag gab es ein anderes Fest. Der Zeremonienmeister kam und sagte ihr, was sie zu tun und zu lassen habe. Der Magister mit der weißen Perücke kam und lehrte sie aus einem uralten, dicken Buch klug und weise zu werden. Und alle Hofleute verneigten sich tief vor der jungen Herrin. Aber abends, wenn sie endlich allein war und in die leuchtenden Abendwolken blickte, dann war es ihr so schwer ums Herz. Sie fühlte, daß Glanz und Wissen nicht glücklich machen und sehnte sich, sie wußte selbst nicht wie, weit, weit fort.

Als sie so eines Abends von der kiesbestreuten Allee am Schloß sich auf einsame Wege abwandte und immer weiter ging, kam sie zu einem Teil des Parkes, den sie nie vorher gesehen hatte. Zwischen alten, mächtigen Bäumen leuchtete weiches, grünes Moos. Als sie näher hinschaute, lag darauf eine Schlange, die ihr entgegenblickte. Ihr Rücken glänzte in schillernden Farben, und ihre Augen waren klug und durchdringend. Die Prinzessin wollte erst erschreckt zurückweichen, denn sie hatte ein solches Tier noch nie gesehen, aber dann trat sie neugierig näher. „Sei gegrüßt, schöne Prinzessin", sagte die Schlange und nickte ihr zu. "Wer bist du?" fragte die Prinzessin erstaunt. „Ich bin die Königin aus der

Die nördliche Krone
„Bettlerschüssel"

Gemma

Arktur

Bootes

Tiefe", erwiderte die Schlange, „aber ich habe meine Krone verloren und kann nicht mehr zurück in mein Reich." Und Trauer schimmerte in ihren schönen Augen. Die Prinzessin überlegte einen Augenblick, dann nahm sie die zierliche Krone mit dem funkelnden Stein von ihrem Haupt und reichte sie der Schlange: „Nimm! Ich brauche keine Krone." Die Schlange sah sie mit ihren klugen Augen an. „Du schenkst viel, Prinzessin, aber nur der ist reich und groß, der alles verschenken kann und doch nicht arm wird. Wer edel ist wie du, der braucht wahrhaftig keine Krone." Damit verschwand die Schlange im Gebüsch.

Die Prinzessin blickte ihr sinnend nach und blieb eine Weile still sitzen. Schließlich beschloß sie in die weite Welt zu gehen, um zu erfahren, ob die Schlange die Wahrheit gesagt habe. Sie wanderte weiter und immer weiter, über viele Straßen. Alle Leute aber, die ihr begegneten, blieben stehen und verneigten sich ehrerbietig. Da blickte sie an sich hinab und sah ihr Kleid, das reich und goldbestickt war. Sie betrachtete die roten Schuhe, die mit Gold und Edelsteinen geschmückt waren. Nun wußte sie, daß man mit den Grüßen nicht sie, sondern ihr kostbares Kleid meinte. Und sie rief eine Gänsemagd, die am Wege stand, und sagte zu ihr: „Gib mir deinen grauen Kittel und die Holzpantoffeln; ich will dir mein schönes Kleid dafür geben." Die Magd tat, wie ihr geheißen, die Prinzessin zog den groben Kittel an und ging nun barfuß in Holzpantoffeln daher und wanderte weiter und immer weiter in fremdes Land. Da waren nicht mehr so viele, die auf sie achteten. Wer ihr aber ins Auge sah, der verneigte sich tief und voller Ehrfurcht. So kam sie auch in eine ferne, ferne Stadt, darin ein schöner Königssohn lebte. Er fuhr gerade mit seinem Wagen durch das Tor, als er das Mädchen in dem groben grauen Kittel stehen sah; ihr goldenes Haar leuchtete weithin. „Wer bist du?" fragte er sie. „Eine Prinzessin", sagte das Mädchen still. „Warum trägst du ein so armseliges Gewand?", wollte der Königssohn wissen.

Die Schlange

Der Schlangenträger

„Damit nicht eitler Glanz das Auge betrügt", sagte das Mädchen. Er blickte in ihre Augen, die waren klar und rein. Da wußte er, daß sie wahrhaftig eine Königstochter war. Er nahm sie bei der Hand und führte sie in sein Schloß, und sie wurde seine Gemahlin und Königin von einem großen, mächtigen Reich.

Am Himmelsbogen aber leuchtet gen Süden, über dem Haupt der Schlange, noch immer die goldene Krone der Prinzessin, und darin funkelt ein edler Stern, den sie Gemma nennen.

Ende

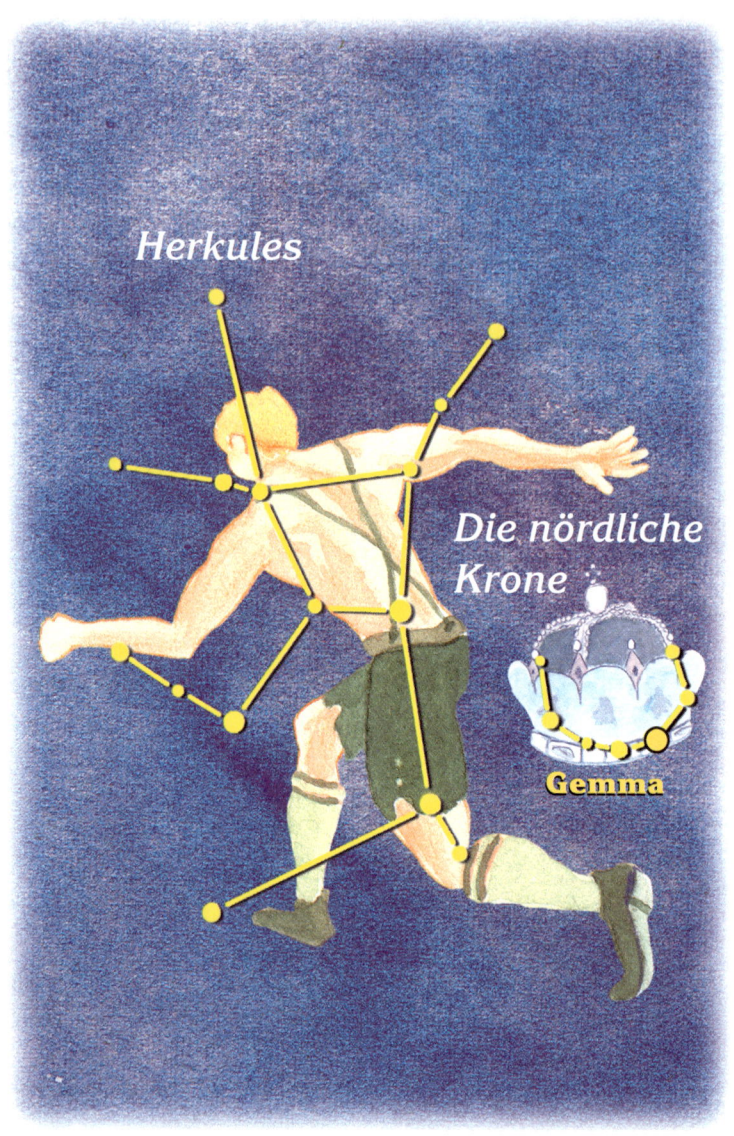

Herkules

Die nördliche
Krone

Gemma

Herkules

Es lebte einmal in der alten, reichen Stadt Theben, im Lande der Griechen, eine edle Königin. Sie hieß Alkmene. Ihr Gatte war der König Amphitryon. Als ihr ein Sohn geboren wurde, ließ sie den weisen Blinden Teiresias rufen und fragte ihn nach dem Geschick des Kindes. „Große Gefahren und viele ruhmvolle Taten stehen auf seinem Lebenswege", sagte der greise Seher, „aber Mut und Kraft sind ihm in die Wiege gelegt. Wenn er allem standhält, so wird ihm die höchste aller Kronen zum Lohn werden." Alkmene schloß die Worte in ihr Herz und ließ die edelsten und besten Männer kommen, den Knaben zu unterrichten. Doch manchmal, wenn heißer Jähzorn über ihn kam, ward ihr Herz bang in mütterlicher Sorge.

Herkules wuchs heran zu einem schönen Jüngling, zu einem starken Mann. Eines Tages wanderte er hinaus vor die Stadt. Er setzte sich auf einen Stein und dachte darüber nach, welchen Lebensweg er nun einschlagen sollte. Da kamen zwei Frauen auf ihn zu. Die eine war ernst und still, die andere reich und üppig, mit prächtigen Gewändern. „Komm mit mir", rief die Reiche, „ich bin die Glückseligkeit. Sinnenlust und Vergnügen schenke ich dir, wenn du mir folgst. Nie soll Sorge deine Stirn beschatten oder Arbeit deine Hände härten." Die andere sagte still: „Ich kann dich nicht so locken. Wenn du mir folgst, werden Mühe und Arbeit, Kampf und Entsagung dein Leben füllen; doch Ehre und Ruhm bei Menschen und Göttern werden dich lohnen. Ich bin die Tugend." Dann wandten sich die Frauen ab, und jede ging ihres Weges - die eine in ein prangendes, üppiges Tal voll köstlicher Früchte und lachender, singender Menschen, die andere den steinigen Weg in die Einsamkeit des Gebirges, dessen Gipfel in die Wolken ragten. Lange saß Herkules und sah ihnen nach. Dann zog es ihn empor zu den Höhen. Vom Gipfel des Berges blickte er in weitem Bogen auf das

Land seiner Väter und freute sich seines Friedens. Aber als seine Augen beglückt die Grenze entlangwanderten, erkannte er weit in der Ferne feindliche Scharen, die sich bereitstellten, um über das ahnungslose Land hereinzubrechen.  In höchster Eile sammelte er tapfere Jünglinge und führte sie in den Kampf für die Heimat. Amphitryon ging mit in die heiße Schlacht. Am Ende unterlagen die Feinde. Ihr König blieb tot am Platze. Aber auch Amphitryon mußte sein Leben lassen. Als Sieger und Retter kehrte Herkules heim. Er dachte der Worte des blinden Sehers, aber bitter wurde er enttäuscht. Nicht ihm, dem Starken, ward die Krone des Landes gegeben. Die Götter hatten Euristheus, den Erfindungsreichen, zum Herrscher bestimmt. Grollend zog sich Herkules zurück. Die Hand seiner Gattin vermochte die drohenden Falten nicht von seiner Stirn zu wischen, auch das Lachen seiner Kinder konnte ihn nicht mehr erfreuen. Die Macht der Traurigkeit verdunkelte sein Gemüt und er behandelte seine Kinder mit wenig väterlicher Liebe. Heiß war die Reue und schmerzvoll die Erkenntnis seiner Schuld, als er wieder zu sich selbst kam. Er verzweifelte über den Fluch, unter dem sein Leben stand, bis er begriff, daß er sich beugen mußte vor seinem Geschick, seinen Trotz bändigen, seinen Stolz demütigen und sühnen mit Dienen und Arbeiten. Euristheus zu dienen wurde ihm von den Göttern auferlegt. Herkules sah in ihm die Hand des Geschickes und unterwarf sich allem, was er forderte. Der aber fand nun immer neue Aufgaben, seine Kraft zu nutzen und den Nebenbuhler fernzuhalten. Herkules aber übernahm die Arbeiten, als wären sie seinem eigenen Sinn entsprungen.

Es erregte seinen Zorn, wie die Hirten seiner Heimat und ihre Herden von reißenden Löwen bedroht wurden, wie in der Zeit der großen Regen die Wasserschlange aus dem Sumpf emporkroch

und das Land verschlang, wie der Bergstrom gleich einem wilden Eber die blühenden Gefilde verwüstete, wie aus den Wetterwolken die todbringenden Vögel herniederhagelten und die Felder vernichteten. Er bekämpfte sie mit seiner ganzen Kraft, ward ihrer Herr und bannte die Gefahren von seinem Lande. Aus dem heiligen Hain der Artemis, der alles Getier der Erde untertan war, holte er die goldene Hirschkuh und brachte sie dem König zur Pflege, auf daß für immer dem Reiche die Fruchtbarkeit gesichert wäre und Äcker und Vieh wohl gediehen.

Weit und breit rühmte man ihn bald als Schützer und Helfer. Aus fernen Landen kamen Leute und suchten seinen Beistand. Und Euristheus schickte ihn aus. So kam es auch, daß er von der Not des Augias hörte. Der Stall des Augias, des ehemals Strahlenden, war voll Unrat, der sich in vielen Jahren angehäuft hatte. Ratlos standen seine Männer, keiner wußte, wo anzufangen. Herkules aber leitete einen Wasserstrom hindurch, und ihm gelang das Unmögliche. In einem anderen Lande bedrückte der Tyrann Diomedes grausam das Volk. Herkules überwand ihn und das Land wurde frei und glücklich. Wohin er kam, immer neue Aufgaben erwuchsen dem Helden. Er half, wo man ihn brauchte. Jede Tat trug ihren Lohn in sich. Im Helfen und Dienen vergaß Herkules das eitle Streben nach Krone und Königsmacht.

Jahr um Jahr zog ins Land. Ernst wurde der Blick des Helden, ruhiger das heiße Blut. Sein Herz schlug warm für die Hilfsbedürftigen. Dafür brachten ihm alle Dankbarkeit und Liebe entgegen. Er aber blieb einsam und fern allem frohen Leben. Eines Tages begegnete er Dejaneira, und bei ihrem lieblichen Anblick wurde sein Herz wieder jung. Da ergriff ihn mit heißem Verlangen die Sehnsucht nach glückerfüllten Stunden. Er warb um ihre Hand und führte sie heim als seine Gemahlin. Nun war er glücklich und vergaß alles, was hinter ihm lag. Er hielt Dejaneiras Hand in der seinen, er streichelte den Lockenkopf seines Söhnchens Hyllus und glaubte, es gäbe keine größeren Freuden. Und einstmals bei fröhlichem Mahl rief er den dienenden Knaben. Nichts böses dachte der Held, als er im Scherz mit der Hand nach ihm schlug. Doch der Knabe fiel tot zu Boden. Mit Schrecken erkannte Herkules die Unbeherrschtheit des Schlages, erkannte, daß noch immer die dunklen Mächte Gewalt über ihn hatten. Da beugte er voller Demut sein Haupt. Er entsagte dem Frieden im Glück der Familie und ging hinaus in die Verbannung.

Aber Dejaneiras Liebe war so groß, daß sie nicht von seiner Seite wich und ihm folgte. In Not und Elend, in der Unwirtlichkeit der Fremde blieb sie bei ihm und teilte klaglos alle Bitternis. Aber in aller Liebe war ihr Herz noch nicht stark, in übergroßer Sorge nicht frei von Zweifeln. Einstmals, als Herkules den Zentauren Nessus, der Dejaneira bedrängte, mit einem Pfeilschuß tödlich verwundete, hieß dieser Dejaneira ein Stück von ihrem Gewand abreißen. Er durchtränkte es mit seinem rinnenden Blut und gab es ihr zurück mit den Worten: „Es ist Zauberblut. Wenn je dein Gatte dich vergessen sollte, dann verwebe es in ein Gewand und laß es ihn anziehen, so wird sein Herz sich wieder dir zuwenden.” Und Dejaneira nahm es und verwahrte es, bis ein Tag kam, an dem sie es gebrauchte.

Jahrelang weilte Herkules mit ihr als Gastfreund bei dem guten König der Stadt Trachis. Dann kam es, daß er gegen den gewalttätigen König Eurytus in den Krieg ziehen mußte. Er besiegte ihn und seine schlimmen Söhne. Doch seine schöne Tochter Jole nahm er gefangen und schickte sie der Gattin zu. Ein törichter

Diener aber schwätzte ihr vor, die Leute sagten, Herkules wolle Jole heiraten und Dejaneira verstoßen. Die Leichtgläubige vertraute dem Schwätzer mehr als ihrem Gatten. Sie entsann sich des Nessusgeschenkes, verwob es in ein festliches Gewand, schickte es mit einem Boten an Herkules und ließ ihn bitten, es zur Siegesfeier anzulegen. Der Held stand auf dem Berge Öta mit seinen Freunden, gerade bereit, das Siegesopfer anzuzünden, als der Bote eintraf. Beglückt und voll Freude über das Geschenk der geliebten Gattin zog Herkules das giftgetränkte Gewand an. Kaum war das Gewebe an seinem Körper warm geworden, da verbrannte ihm das Gift die Haut. Nun begriff er, daß sein Ende nahte, und er zwang sich zu einem Abschied in Würde vor den Göttern. Er ließ einen großen Scheiterhaufen errichten und bestieg ihn. Seine Freunde hieß er, ihn in Brand zu setzen, und er wartete, den Blick still zu den Göttern erhoben, auf seine Erlösung. Da senkte sich mit gewaltigem Blitz und Donner eine Wolke vom Himmel herab. Als die erschreckten Männer wieder aufblickten, sahen sie ihren Herrn in Sicherheit, denn seine Seele schwebte mit der Wolke empor zu den Göttern, die Herkules in den Kreis der Unsterblichen aufnahmen.

Am Himmel aber steht vom ersten Tag des Erdenblühens bis zu der Zeit, wenn die letzten, bunten Blätter leise zu Boden fallen, sein Sternbild neben dem lieblichen Sternenkranz der KRONE: Und jeder, der die Geschichte kennt, denkt bei dem Anblick der beiden Sternbilder an den edlen Helden, dessen Leben im Dienst der Menschheit sein Ziel fand, dessen Lohn auf Erden aber nichts war, als ein schmerzlicher Verzicht. Erst beim Eingang in die Ewigkeit des Sternenhimmels wurde ihm die Krone des Lebens zuteil.

Ende

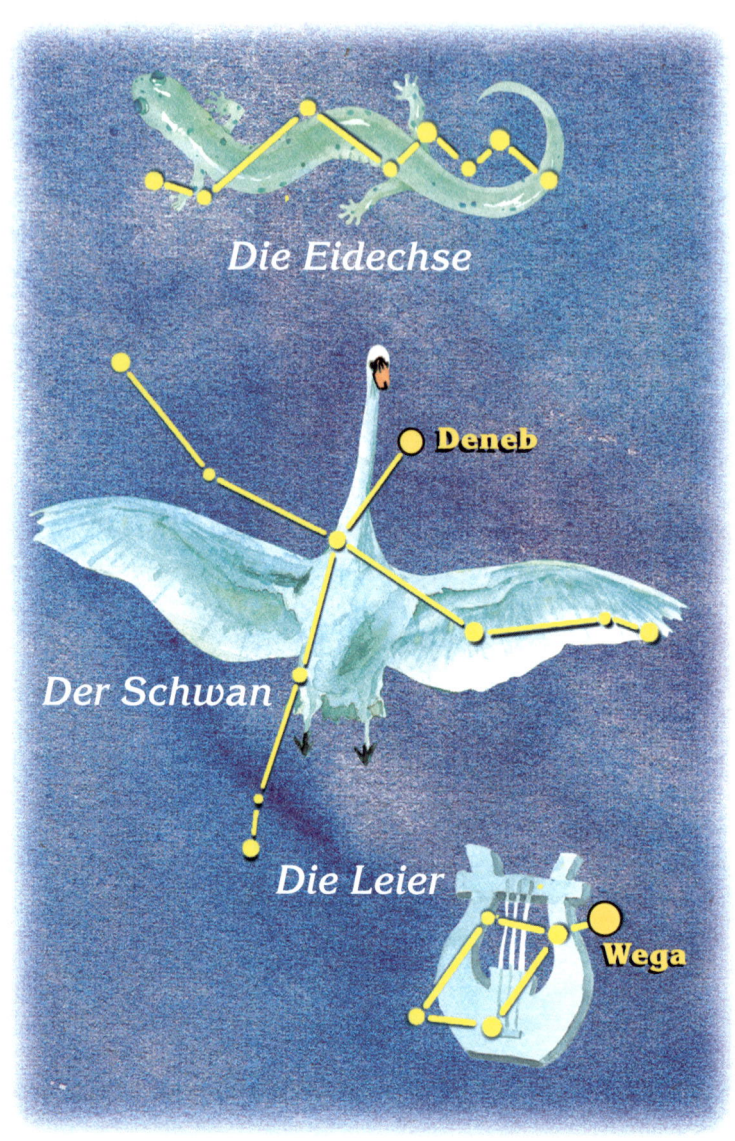

Die Eidechse

Deneb

Der Schwan

Die Leier

Wega

Das Schwanenkleid

Es lebte einmal im Lande Isward ein Mann, der hatte zwei Söhne. Als er seinen Tod nahen fühlte, rief er die beiden zu sich und sprach: „Ich gehe heim zu den Vätern. Euch aber will ich zwei Kleinode lassen, die das höchste Gut unserer Sippe waren. Hütet sie wohl, daß sie euch Heil bringen." Er wandte sich an den Ältesten, der hieß Ulf, und sagte: " Nimm diese Spange. Dein Ahn hat sie in hohen Ehren getragen. Er war ein kluger und gewandter Mann, und sein Fleiß hatte ihm Reichtum und Ansehen gebracht." Damit reichte er ihm einen wunderschönen goldenen Schmuck, der wie eine Eidechse gebildet war. Dann rief er den zweiten Sohn, Erko mit Namen, und gab ihm ein fremdartiges Saitenspiel und sagte: „Dies ist eine Leier. Der Oheim deines Großvaters hat sie von seinen Fahrten in den Süden mitgebracht. Er war ein weiser Mann und ein großer Sänger. Könige haben seinen Liedern gelauscht und ihn gern in ihrer Halle gesehen. Und du trägst seinen Namen." Die Söhne dankten ihm für seine Gaben; er aber sprach weiter: „Ich glaube, sie werden euch Glück bringen, denn euer Sinn geht den gleichen Weg wie der der Väter."

Als der Vater gestorben war, setzte sich Ulf, der älteste, auf den freien Platz im Hochsitz der Halle und verwaltete mit weisem Sinn das Erbe. Erko aber nahm seine Leier und zog nach Süden, denn ihn lockte die Ferne und das Abenteuer. Jahre vergingen. Ulf war berühmt unter den Großen im Lande. Sie suchten oft im Kampf seine Hilfe und im Frieden seinen Rat. Von Erko aber drang nach Isward, daß er ein edler Sänger geworden sei und am Hofe eines mächtigen Königs lebe, der ihm seine Tochter zur Gemahlin versprochen habe. Eines Tages ging Ulf auf die Jagd. Während er das Wild verfolgte, hatte er sein Gefolge weit hinter sich gelassen. Da sah er vor sich einen schönen Weiher, und weil der Mond schon

hinter den Bäumen stand, beschloß er zu bleiben und hier den Morgen zu erwarten. Als er fest schlief, erklang ein Rauschen über seinem Haupte, so daß er aufwachte. Da gewahrte er einen Zug Schwäne. Sie ließen sich am Weiher nieder. Doch kaum hatten sie die Erde berührt, warfen sie das glänzende Gefieder von sich und waren schöne Jungfrauen, wie Ulf sie noch nie geschaut hatte. Er sah, wie sie in die glitzernden Fluten tauchten und unter Lachen und Scherzen ihre Spiele trieben. Am Ufer aber lagen die weißen Schwanenhemden, und Ulf konnte es nicht lassen, im Schatten des Gesträuchs näher zu gehen und eines der leichten Gefieder zu ergreifen. Doch da kamen die Mädchen aus dem Wasser und ergriffen ihre Gewänder. Ulf versteckte sich schnell hinter einem Baum. Das Schwanengefieder aber war in seiner Hand geblieben. Die schönen Jungfrauen warfen ihre Schwanenflügel über und flogen als Schwäne fort durch die Nacht. Eine jedoch war zurückgeblieben. Klagend und weinend ging sie am Ufer entlang. Sie suchte ihre Schwingen und konnte sie nicht finden. Ulf sah alles aus seinem Versteck mit an. Einen Augenblick dachte er, der Jungfrau das Schwanenkleid wiederzugeben. Doch als er erkannte, wie schön sie war, trat er zu ihr und sprach: „Ich habe dein Schwanenkleid gefunden, und es gehört jetzt mir. Folge mir in mein Haus und laß uns die Ringe wechseln, auf daß du meine liebe Gemahlin werdest."

Da blickte sie ihn mit erschrockenen Augen an und antwortete: „Wie sollte ich mit dir die Ringe wechseln? Mein Vater ist König in einem fernen Land, und er hat mich schon einem edlen Manne versprochen. Gib mir das Gefieder, daß nicht Leid und Not über uns komme." Ulf aber lachte nur. „Ist dein Vater in einem fernen Land,

so wird er dich nie mehr finden." Er hob sie auf sein Roß und ritt mit ihr heim. Bald ward die Hochzeit nach altem Brauch gefeiert, und Ulf führte seine edle Gemahlin in sein reiches Haus. Die Zeit trocknete ihre Tränen. Sie begann ihren Gemahl zu lieben. Als zwei Jahre vergangen waren, schenkte sie ihm zwei Kinder, einen Knaben und ein Mädchen.

Im fernen Lande aber, wo die Schwanenjungfrau zu Hause war, erklangen die Klagen, daß Hiltrun, die Königstochter verschwunden war. Alles Volk weinte um sie und war voll tiefer Trauer. Am meisten aber trauerte Erko, der Sänger, denn der König hatte sie ihm versprochen. So beschloß er, in die Welt zu ziehen und sie zu suchen. Jahr um Jahr wanderte er immerfort, aber nirgends fand er eine Spur. Wenn der Mond am Himmel schien, saß er oft lange da und spielte sein einsames Lied. So kam er auf seiner langen Wanderung auch nach Isward, gerade als auf den Wiesen die ersten Frühlingsblumen blühten. Er trat zu seinem Bruder in die Halle. Da umarmte Ulf den Sänger voll Freuden und sprach zu seinen Mannen: „Das ist mein lieber Bruder Erko, der nach langer Fahrt zurückgekehrt ist." Und er setzte ihn neben sich an den Tisch.

Auch Hiltrun trat mit ihren Frauen in den Saal. Langsam schritt sie zum Hochsitz. In den Händen trug sie das Trinkhorn, gefüllt mit Met, und bot Ulf, ihrem Gemahl, den Trunk. „Auf das Wiedersehen!" rief dieser freudig aus und setzte das Horn an den Mund. Seine Augen leuchteten dabei voll Stolz zu seinem Bruder hinüber. Als Hiltrun sich mit dem Trinkhorn dem Gast zuwandte, stand sie unerwartet Aug' in Aug' Erko gegenüber, dem sie einst versprochen war. Da wurde sie bleich bis in die Lippen. Das Horn fiel zu

Boden, daß es zerbrach. Ein Schweigen war im Saal, als Ulf mit zorniger Miene aufstand. „Unheil bringst du uns, Weib, mit dem verschütteten, heiligen Trunk, der meinem Bruder Erko als Willkommen galt." Seine Stimme grollte, und die Adern auf seiner geröteten Stirn zitterten vor Unwillen. „Unheil schufst du, Ulf, als du mein Schwanenkleid raubtest", antwortete Hiltrun mit harter Stimme. „Du machtest mich zu deiner Gattin, obwohl mein Vater mich dem Sänger versprochen hatte. Und es war Erkos Ring, den ich am Finger trug." Schreckensstill war der weite Saal, und scheu und langsam gingen alle von dannen.

Der Sommer verging. Ohne Abschied war Erko aus dem Land seiner Väter wieder davongegangen. Statt der Sehnsucht klang nun aus seiner Leier ein Lied der bitteren Trauer. Als ein Freudloser streifte er durch die einsamen Wälder, denn er konnte die Hand nicht gegen den Bruder erheben. Niemand vermochte ihn aus seiner Schmach zu befreien. Es war, als habe die Leier keinen Klang mehr, denn alles Heil war von ihm gewichen. Aber auch Ulf fand keinen Frieden in seinem reichen Haus. Seine Mannen wichen ihm scheu aus dem Wege. Niemand kam mehr, bei ihm Rat und Hilfe zu suchen. Oft saß er still in seiner Kammer, nahm ein Tuch und begann die Eidechsenspange blank zu reiben, denn es schien ihm, als habe sie ihren Glanz verloren. Seit der Stunde, da sein Bruder sein Haus verließ, schien ein dunkler Schatten auf allen seinen Wegen zu liegen.

Nur Hiltrun war die gleiche geblieben. Still und ernst ging sie durch Haus und Hof und schaute nach dem Rechten. Des Abends sah man sie oft mit den Kindern sitzen und ihnen heimliche Dinge ins Ohr flüstern. Dann wurden die Augen der Kinder groß und

glänzend, und sie blickten in eine unsichtba-
re Ferne. Eines Tages stand sie vor Ulf und
sprach: „Nie habe ich eine Bitte gehabt, seit
ich deine Schwelle überschritten habe.
Deshalb darfst du mir diese erste und
letzte nicht abschlagen." Und als er
sie erstaunt ansah, fuhr sie fort: „Gib
mir mein Schwanenkleid." Es war, als
schlüge der Blitz in eine Eiche. Sie aber ließ sich nicht beirren und
sprach weiter: „Ich habe mein Haus bestellt. Ich habe den Kindern
alle Weisheit der Alten gegeben. Mein Werk ist vollbracht. Gib mich
frei!" Da fragte Ulf, und ein Stocken war in seiner Rede: „Willst du
heim zu deinem Vater?" Aber sie schüttelte den Kopf. „Ich kann
nicht mehr heim. Wenn ich diesmal mein Schwanenkleid anlege,
dann werde ich nie mehr ein Mensch." Ulf schüttelte verzweifelt
den Kopf. Ich kann es dir nicht geben!" rief er aus. Aber dann
schwieg er traurig. „Ich darf dich nicht halten, denn Unheil ruht auf
meinem Hause. Nimm den Schlüssel der Truhe, ich darf ihn nicht
länger bewahren", sagte er schließlich. Still ging sie hinaus und
holte ihr Schwanenkleid.

Als es Nacht war, und der Mond auf das herbstliche Land schien,
ging sie in die Schlafkammer der Kinder. Sie legte dem Sohn einen
silbernen Spaten an seine Lagerstatt und sprach einen Segen.
Dem Mädchen legte sie ihre goldene Spindel in die Hand und
strich ihr noch einmal über das helle Haar. Dann trat sie in die
Kammer Ulfs und sagte: „Deine Kinder werden dir neues Heil bringen. Habe nur Mut und Geduld!" Und ehe er noch etwas antworten
konnte, war sie verschwunden.

Seit der Zeit glänzte die goldene Eidechsenspange wieder so hell
wie zuvor, und Ruhe zog in das traurige Herz Ulfs. Im Walde aber,
wo der alte Sänger ein einsames Leben führte, klangen seltsame

Zauberweisen durch die stillen Nächte und sangen von einem seligen Frieden. Und oft, wenn der Sänger an einem stillen Weiher saß, strich ein wunderschöner, weißer Schwan an ihm vorüber.

Wenn du aber in der Zeit, wo sich die Blätter färben, an einem klaren Abend hoch hinaufschaust zum Sternenzelt, kannst du sie alle drei finden: die goldene Leier und die Eidechse, und zwischen ihnen siehst du den Schwan zum stillen Weiher fliegen.

Ende

Der Meisterschütze

Es war einmal ein armer Bursche, der hatte weder Vater noch Mutter und nannte keinen Heller sein eigen; aber er war immer guten Mutes, und ein Bogenschnitzer hatte ihn in seine Lehre genommen. Dort lernte er schöne Bogen schnitzen und so gut zu zielen, daß er bald den kleinsten Vogel im Fluge traf. Da sagte sein Meister eines Tages: „Ich kann dich nichts mehr lehren, und als Lohn für deinen Fleiß sollst du dir den schönsten Bogen und drei wunderkräftige Pfeile aussuchen. Ziehe in die Welt und versuche dein Glück!"

Der junge Schütze dankte und schnürte sein Bündel. Als er schon vor der Türe stand, rief ihm der Meister noch nach: „Nimm eine Weisheit mit auf den Weg: nur zum Segen sollst du die Pfeile benutzen, nie zu eitler Lust, dann wirst du auch das Glück finden." Noch einmal winkte der Schütze zurück, dann wanderte er die Straße entlang, immer gen Sonnenuntergang, und als er drei Tage gewandert war, sah er vor sich eine gewaltige Eiche, auf der drei Raben saßen. Den Burschen kam die Lust an, seine Geschicklichkeit zu versuchen und nach ihnen zu zielen. Doch er erinnerte sich der Worte des Meisters und tat es nicht, sondern setzte sich in den Schatten, um sein Mahl zu verzehren. Da hörte er über sich die Stimmen der Raben und konnte ihre Worte verstehen. „Dreißig Meilen von hier steht ein prächtiges Schloß, darin liegt eine schöne Prinzessin in tiefem Schlaf", krächzte der eine Rabe. „Aber der Wassermann hat sie verzaubert", sagte der andere, „und drei Tiere

Der Rabe

Der Schütze

halten davor Wache, nur sie kennen den Weg." „Doch wer die Prinzessin findet und den Zauber bricht, der darf sie heiraten und wird König im Lande", sprach der dritte, und ehe der Bursche sich besonnen hatte, breiteten sie ihre Flügel aus und flogen davon. „Das wäre etwas für dich", dachte der Schütze, „drei Tiere gilt es zu besiegen, und drei Pfeile hast du, das wäre eine glatte Rechnung. Und mit dem Wassermann, da werden wir auch schon einig werden."

Und so schnürte er sein Bündel wieder und wanderte wohlgemut weiter. Als er dreißig Meilen hinter sich hatte, kam er an einen großen See; mitten darin lag eine grüne Insel, dort stand auf einem hohen Berge ein schönes, stolzes Schloß. „Da bin ich ja am Ziel", dachte der Schütze erfreut, aber als er sich umblickte, ob nicht ein Boot zu finden wäre, sah er weit und breit keines. Er setzte sich ans Ufer und dachte nach, was er tun könne. Da sah er plötzlich, daß sich im Wasser etwas bewegte und gewahrte einen schlanken Delphin, der hin und her schwamm und das Wasser aus seinem Rachen hoch aufspritzen ließ. „He - hallo!" rief der Schütze erfreut, „auf dich habe ich gerade gewartet, laß mich auf deinen Rücken sitzen und trag mich hinüber zur grünen Insel." Doch der Delphin schlug mit seinem gewaltigen Schwanz ins Wasser, und ohne den Schützen zu beachten, schwamm er fort. „Du bist wohl schwerhörig", dachte der Schütze und griff eilig nach seinem Bogen, und ehe der Delphin noch aus seinen Augen verschwunden war, hatte sein Pfeil ihn erreicht und saß fest in dessen Rücken. Da schlug der Delphin um sich, daß das Wasser in hohen Wellen schäumte, aber er konnte den Pfeil nicht loswerden und bat schließlich den Schützen, ihm zu helfen. „Ja", sagte der Schütze, „aber nicht eher, als bis du mich ans andere Ufer hinübergetragen hast." Da mußte der Delphin es wohl oder übel tun, und als er am anderen Ufer anlangte und den Schützen niedersetzte, fiel seine Fischgestalt von ihm ab, und ein Fährmann stand vor den erstaunten Augen

Atair

Der Adler

Der Delphin

Der Steinbock

des Burschen. „Das ist ja gerade noch gut gegangen", sagte der Schütze und wandte sich zum Weitergehen. Doch als er sich umschaute, sah er nichts mehr vom lichten Schloß.

Ein dichter Wald lag vor ihm, so weit das Auge reichte, und er vermochte nicht vorwärts zu kommen im dichten Gestrüpp. Während er wieder so ratlos dastand, sah er einen Steinbock durch den felsigen Wald springen. „He - holla!" rief der Schütze. „Du kannst mir den Weg zum Schloß weisen." Aber der Steinbock sprang weiter, ohne ihn zu beachten. „Der hat auch seine Ohren zu Hause gelassen", dachte der Schütze; schon hatte er seinen Bogen ergriffen und sein Pfeil saß im Rücken des Bockes. Da sprang der Bock wie wild umher und rieb sich an allen Bäumen. Aber der Bursch lachte: „So leicht kommst du nicht davon." Und schließlich mußte der Bock ihn um Hilfe bitten. „Ja", sagte der Schütze, „erst trag mich zum leuchtenden Schlosse!" Der Steinbock nahm ihn auf den Rücken, und wie der Wind ging es durch den dichten Wald, bis sie an den Fuß des Berges kamen. Aber als der Bursche abstieg, war aus dem Steinbock plötzlich ein vornehmer Hofmarschall geworden, der sich nun schweigend vor dem Schützen verneigte. „Mir soll's recht sein", sagte dieser und sah zum Berg hinauf, auf dem das Schloß lag. Aber wie er sich auch mühte, den Weg zu finden - es war keiner da. „Da müßte man ja ein Vogel sein", dachte er.

Im gleichen Augenblick hörte er ein lautes Flügelschlagen, und ein mächtiger Adler flog über seinem Haupte hinweg. Er winkte, aber der Adler zog weiter seine stolzen Kreise und achtete gar nicht auf ihn. „Wer nicht hören will, muß fühlen", sagte der Schütze und sandte ihm seinen Pfeil nach. Da schrie der Adler laut auf und senkte sich zu Boden. Aber schon war der Schütze auf ihn zugesprungen und sagte: „Trag mich nach oben, so will ich dich vom Pfeil befreien." Und der Adler hob sich mit ihm in die Lüfte. Als sie aber den Berggipfel erreicht hatten und der Schütze abgestiegen

72

war, verwandelte sich der Adler plötzlich in einen Menschen, und der Bursche sah den König selbst vor sich. „Das lasse ich mir gefallen", sagte er zufrieden, „hier ist keine Zeit zu verlieren; ich habe den Delphin entzaubert und den Steinbock und den Adler, und nun befreie ich Eure Tochter!" Aber der König wandte sich ab. „Meine Tochter schläft - schon seit hundert Jahren, und niemand kann sie erwecken. Der Wassermann hat sie verzaubert, weil sie ihn nicht heiraten wollte." Und er sah den Burschen prüfend von oben bis unten an. „Ja, wo ist denn der Wassermann?" fragte der Schütze. „Das kann ich dir nicht sagen", entgegnete der König. „Willst du die Königstochter erringen, so mußt du dir schon selber helfen. Ich könnte wohl eine wache Tochter verheiraten, aber keine schlafende."

Und damit war er verschwunden. „Ach wenn's weiter nichts ist", sagte der Schütze und ging durch das Tor. Da schlief das ganze Schloß. Er sah in den Garten, der war voller Steine und häßlichen Unkrautes; auch erblickte er ein großes Wasserbecken, und mitten darin schwamm ein riesiger Fisch mit einem breiten, häßlichen Rachen, an dem lange Haare hingen. „Du kommst mir gerade recht", sagte der Schütze. „Ich habe einen Riesenhunger." Und er griff ins Wasser und holte den Fisch heraus, so sehr der sich auch sträuben mochte. Da sprach der Fisch mit tiefer Stimme: „Rühre mich nicht an, ich bin Fomalhaut, der Diener des mächtigen Wassermannes, und hüte hier die Prinzessin." „Es hat sich ausgehütet", sagte der Schütze. „Das übernehme ich jetzt." Und er faßte den Fisch noch fester. Da schnappte der Fisch ein paarmal nach Atem, das war wie ein Rauschen in der Luft. Und ehe der Schütze sich's versah, war der Fisch in seiner Hand zusammengeschrumpft, und ein Bächlein rieselte den steilen Schloßberg hinunter, immer weiter, bis es sich im großen See verlaufen hatte.

Und der Schütze sah sich um und erkannte, daß er plötzlich in ei-

73

Der Wassermann

Der südliche Fisch

Fomalhaut

nem schönen Garten stand, in dem tausend Vögel sangen und die herrlichsten Blumen blühten. „Da hab ich ja den Richtigen erwischt", sagte der Schütze und trat in die Halle des Schlosses.

Dort sah er auf einem Ruhebett die Prinzessin liegen, sie war schön wie eine Blume. „He - holla, Prinzessin, wach auf, wir wollen Hochzeit machen!" rief er. Da wurde die Prinzessin unruhig und schlug die Lider auf. „Ach, wie träumte mir so schrecklich!" sagte sie und rieb sich die Augen. Da trat der Schütze zu ihr und sagte: „Der Traum war vielleicht schlimm, aber die Wirklichkeit ist dafür umso schöner. Steh auf, Prinzessin, jetzt geht's zur Hochzeit!" Da erwachte mit der Prinzessin das ganze Schloß. Aller Zauber war gebrochen; der Wassermann konnte nie mehr Macht über die Prinzessin gewinnen. Zum Dank gab der König dem Schützen seine Tochter zur Gemahlin und machte ihn zum glücklichsten Menschen auf der Erde.

Und wenn ihr in den dunklen Herbstnächten nach dem Himmel schaut, dann findet ihr sie alle beisammen: Den Schützen und die drei Tiere aus Erde, Luft und Wasser, den Wassermann und hinter ihm Fomalhaut, den südlichen Fisch.

Ende

Der kleine Wagen

Polarstern

Der grosse Wagen

Alkor

Mizar

Der kleine Wagen

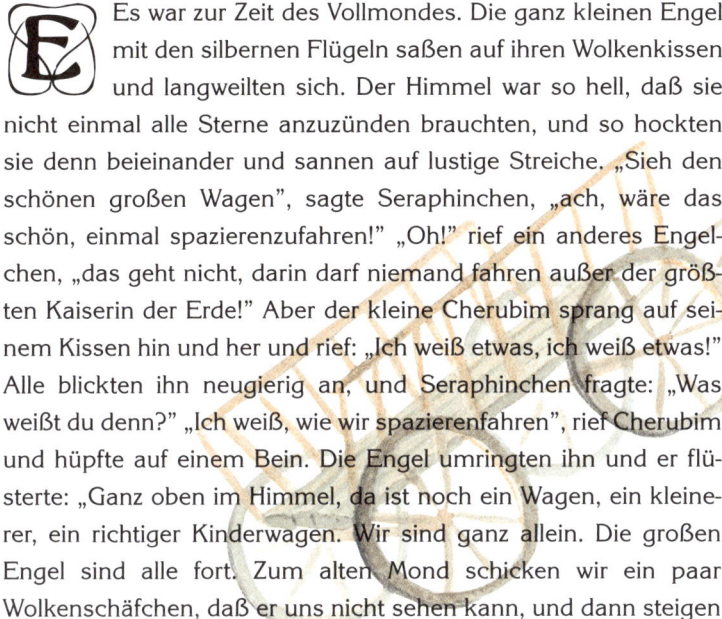

Es war zur Zeit des Vollmondes. Die ganz kleinen Engel mit den silbernen Flügeln saßen auf ihren Wolkenkissen und langweilten sich. Der Himmel war so hell, daß sie nicht einmal alle Sterne anzuzünden brauchten, und so hockten sie denn beieinander und sannen auf lustige Streiche. „Sieh den schönen großen Wagen", sagte Seraphinchen, „ach, wäre das schön, einmal spazierenzufahren!" „Oh!" rief ein anderes Engelchen, „das geht nicht, darin darf niemand fahren außer der größten Kaiserin der Erde!" Aber der kleine Cherubim sprang auf seinem Kissen hin und her und rief: „Ich weiß etwas, ich weiß etwas!" Alle blickten ihn neugierig an, und Seraphinchen fragte: „Was weißt du denn?" „Ich weiß, wie wir spazierenfahren", rief Cherubim und hüpfte auf einem Bein. Die Engel umringten ihn und er flüsterte: „Ganz oben im Himmel, da ist noch ein Wagen, ein kleinerer, ein richtiger Kinderwagen. Wir sind ganz allein. Die großen Engel sind alle fort. Zum alten Mond schicken wir ein paar Wolkenschäfchen, daß er uns nicht sehen kann, und dann steigen wir in den Kinderwagen und fahren nach Herzenslust!"

Der Vorschlag gefiel allen gut. Sie jubelten und freuten sich, und es dauerte gar nicht lange, da waren alle in den Wagen geklettert, daß er übervoll war. Da saßen sie nun, aber der Wagen rührte sich nicht, und Cherubim, der mutige Anführer, stieg aus, um nachzuschauen. Da sah er zu seinem Schrecken, daß das Schimmelchen vor dem Wagen an einen Pfahl gebunden war, ganz fest angebunden, so daß niemand es losmachen konnte. Die kleinen Engel wurden traurig; sie hatten sich so auf die Fahrt gefreut. Cherubim aber ließ sich die Laune nicht verderben; er ergriff die Zügel, schwang die Peitsche und schrie laut und lauter: „Hü!" und „Hott!", bis das Schimmelchen unruhig wurde und sprang und stampfte, und als Cherubim immer lauter rief und lustig mit der Peitsche klatschte,

da begann es schließlich rund um den Pfahl zu laufen, und der ganze Wagen drehte sich in großen Kreisen. Die Engelchen freuten sich und lachten vor Lust. Die Fahrt wurde immer schneller, und zuletzt hatte der Wagen solchen Schwung, daß eins nach dem anderen herauspurzelte und im weichen Gras liegenblieb. Nun waren sie außer Rand und Band. Es war eine Freude und ein Trubel, daß es über die ganze Himmelswiese schallte.

Als sie nun so tobten, stand mit einem Male mitten unter ihnen der Erzengel Gabriel, und die Erzengel Raphael und Michael folgten ihm. Sie sahen zornig aus, und den kleinen Engeln wurde unbehaglich zumute, als Raphael seine Stimme erhob: „Was soll das nun wieder heißen! Kaum wendet man einmal den Rücken, und schon habt ihr nichts als Dummheiten im Kopf!" „Wie auf der Erde die Menschenkinder", sagte Gabriel, „man kann sie nicht einen Augenblick alleine lassen!", und Michael fügte hinzu: „Der ganze Himmel kommt durcheinander. Wer soll nun den Schimmel wieder anhalten?" Strafend blickten die Erzengel von einem zum anderen, und die Kleinen saßen zerknirscht auf ihren Kissen; sie muckst en sich nicht. „Nun", sprach endlich der gütige Raphael, als er so ein Häufchen Unglück nach dem anderen ins Auge faßte, „so schlimm wird's nicht gleich werden; dem Schimmel schadet's nicht, wenn er einmal bewegt wird. Die Engelchen sind noch klein und verspielt, sie werden schon noch gescheit. Wer richtig spielt, lernt auch recht zu arbeiten. Ich brauche sie alle als Schutzengel für die Menschen, die ja nie Vernunft annehmen wollen!" Und er legte Seraphinchen freundlich die Hand aufs Haupt. Er sah gar zu unglücklich drein.

Der kleine Cherubim merkte gleich, daß wieder besser Wetter wurde. Er pflanzte sich vor den Erzengeln auf und krähte: „Ihr könntet uns doch einmal mit hinunternehmen auf die Erde!" „Nein", sagte Gabriel und schüttelte den Kopf, „wenn ihr groß seid - wenn ihr groß seid, dann bekommt jedes von euch einen Schütz-

ling. Dann müßt ihr jeden Tag zu ihm hinunter auf die Erde, auf ihn achten und ihn vor Schaden behüten." „Ach, wenn ich doch erst groß wäre!" seufzte Seraphinchen. „Denkt es euch nur nicht zu einfach!" sprach Michael. „Die Menschen sind leicht unachtsam und übermütig, und die Engel kommen oft müde und traurig in den Himmel zurück. Denn wenn sie nur einen Augenblick nicht aufpassen, geschieht ein Unglück, und sie können im Himmel nie wieder froh werden." „Dann möchte ich gar kein Schutzengel werden", rief Cherubim vorlaut, „mit ungezogenen Kindern mich zu ärgern, das wäre mir zu dumm!" „Ja", sagte Raphael, „so geht das auch wieder nicht. Auch du wirst einmal mithelfen, aber erst mußt du noch lernen, viel lernen. Dann kannst du hin zu den Menschenkindern."

Und Gabriel fuhr fort: „Jeden Tag mußt du ihnen das Gute, das du vom Himmel mitbringst, ins Herz hineinlegen, sonst verirren sie sich im Dunkel des Lebens." „Gehen die klugen Menschen denn in die Irre?" fragte Seraphinchen mit großen Augen. Michael deutete hinaus in die Weite des Himmels: „Sieh dort die Milchstraße! Ihr Staub sind Millionen von Sternen. Auf jedem lebt ein Engel, der einen Menschen vom ersten Hauch seines Lebens an begleitet. Am Tage lenkt er seine Schritte, und des Nachts wacht er über seinem Schlummer. Wenn das Kind noch ganz winzig ist, rührt er mit seinem Finger an das kleine, pochende Herz und senkt ein Fünklein seines Sterns hinein. Mit jedem Blick, den nun der kleine Mensch zum Himmel emporhebt, fängt er die Strahlen auf, die von seinem Stern ausgehen; sie nähren das Fünklein in seiner Brust, bis es hell aufleuchtet und ihn leiten kann sein ganzes Leben lang. Es führt ihn über tausend Wege, über Land und Meer, durch prächtige Gärten und durch Wüsten, bis er zur Heimat seiner Seele findet, die auch das Ziel seines Lebens ist. Wenn es aber erlischt, verliert er den Weg. Er irrt umher, lebt im Unglück und anderen zum Schrecken." „Aber was kann denn der Arme dafür, wenn sein Licht erlischt?" fragte Seraphinchen. „Er ist schuld daran", antwortete Gabriel, „er hat immer auf die Erde gesehen, auf den Staub zu seinen Füßen, in den Schmutz, und hat vergessen, den Blick nach oben zu erheben! Wer nach den Sternen schaut und ihr Licht trinkt, dem wird das Fünklein im Herzen nie verlöschen." Dann nickten die Erzengel noch einmal freundlich und schritten langsam davon. Die kleinen Engel aber saßen nachdenklich auf ihrer Wiese und sahen sich an.

So findest du sie heute noch, und der kleine Wagen dreht sich auch noch um seinen Pfahl und kommt nicht von der Stelle.

Ende

IM HERBST

Das Dreieck

Der Widder

Die Fische

Mira

In einem weiten Walde lebte einmal ein Förster mit seinen zwei Söhnen und seiner Tochter. Sie hieß Mira, und weit und breit wußte man von ihrer Schönheit zu erzählen. Mancher Freiersmann, der von dem Mädchen gehört hatte, kam zum alten Förster und bat um ihre Hand. Aber dieser wollte nichts davon hören, daß seine schöne Tochter ihn einmal verlassen sollte. Und so schwor er einen heiligen Eid, er würde sie nur einem Förster geben, und dieser müßte einmal sein Nachfolger werden. Da er von der Waldfrau das Zaubern gelernt hatte, schlug er drei Pfähle in die Erde und zog einen Zaun zwischen ihnen. In diesen kleinen Garten setzte er Mira. Dazu verbot er ihr, diesen Platz jemals zu verlassen. Traurig folgte sie seinem Gebot.

Eines Tages mußte der Förster eine Reise machen. So gab er seinen zwei Söhnen den Auftrag, über Mira zu wachen und sie nicht aus dem Garten zu lassen. Aber als er fort war und das Mädchen voller Sehnsucht in die schönen Abendwolken schaute, klangen vom fernen Dorf die fröhlichen Klänge der Tanzmusik an ihr Ohr. „Ach, liebe Brüder", bat das Mädchen, „laßt mich doch einmal nur hinaus aus dem Garten. Seht, es ist Abend und im Dorfe ist Tanz. Keiner wird uns erkennen, wenn wir uns dort ein wenig vergnügen. Dann könnt ihr mich wieder heimbringen, und ich will euch nie mehr bitten." Auch die Brüder hatte die Tanzmusik schon längst gelockt, und sie ließen sich gerne erweichen. So zogen sie hinaus zu dem Festplatz und nahmen sich vor, die Schwester wohl zu hüten.

Im Dorf hatte ein Zauberkünstler seinen Stand aufgeschlagen. Alles Volk strömte zu ihm. Mit lustigen Späßen wußte er die Leute zu erheitern, während sein Sohn mit den Burschen des Dorfes um die Wette nach der Scheibe schoß. „Was gilt es?" rief er übermütig

aus, „wer am besten sein Ziel trifft, der soll das schönste Mädchen auf den Tanzboden führen." Die Burschen bekamen einen roten Kopf und gaben sich redliche Mühe, ihn zu übertreffen. Doch als die Schüsse gezählt wurden, hatte er wie kein anderer das Schwarze getroffen. Lachend wandte er sich zu den anderen um, da erblickte er Mira. Beide sahen sich tief in die Augen, und ihre Herzen begannen füreinander zu schlagen. Er nahm sie mutig bei der Hand und sagte:  „Was soll ich noch lange suchen? Ein schöneres Mädchen finde ich nicht unter der Sonne." Und ehe sich einer versehen konnte, hatte er sich mit ihr auf den Tanzboden geschwungen. Die Musik spielte, die Burschen jauchzten, und der alte Zaubermeister schmunzelte vor Stolz und schenkte den Brüdern einen Becher Wein nach dem anderen ein, und sie vergaßen heimzugehen.

Unterdessen war der alte Förster früher als erwartet von seiner Reise zurückgekehrt. Er traute seinen Augen kaum, als er das Nest leer fand. Dann begann er fürchterlich zu fluchen. Es hielt ihn nicht im leeren Haus, so ging er, seine pflichtvergessenen Kinder zu suchen. Die Tanzmusik klang von fern so einladend. Auch wenn er nicht glaubte, die Gesuchten dort zu finden, so wollte er doch über einem guten Schluck seinen Ärger vergessen. Die Leute wichen erschreckt zur Seite, als er stampfend wie ein böser Ziegenbock auf dem Festplatz ankam. Sie fürchteten den alten Förster. Nicht umsonst erzählte man sich manch Sonderbares von ihm.

Als Mira den Vater kommen hörte, wurde sie blaß wie das Pfingströschen in ihrem Haar. Sie schlang die Arme um den Hals des Bur-

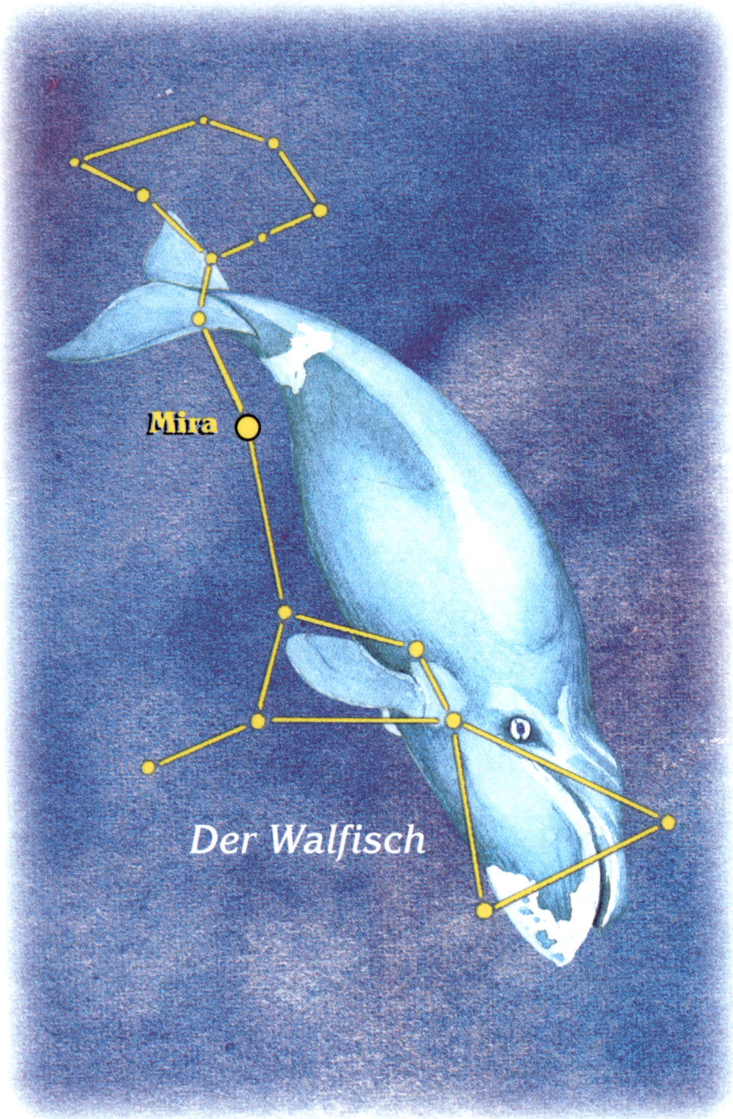

Mira

Der Walfisch

88

schen und flehte: „Ach, rette mich, rette mich! Mich und meine armen Brüder!" Der Bursche überlegte nicht lange. Er sprang mit ihr vom Tanzboden und winkte den Brüdern. Sie banden die Pferde von seines Vaters Zelt. Dann setzte er Mira vor sich auf den Sattel, und sie jagten hinaus in die Nacht. „Nun bist du gerettet", sagte der Bursche, als sie den Wald erreicht hatten. Aber Mira schüttelte traurig den Kopf. „Mein Vater wird uns finden, wohin wir auch fliehen, denn er kennt manchen Zauberspruch, und er kann sich in einen zornigen Widder verwandeln." „Wenn es weiter nichts ist", sagte der Bursche lachend, „ich habe bei meinem Vater das Brot auch nicht umsonst gegessen. Was dein Vater kann, das kann ich schon lange. Ich denke, wenn es dir recht ist, feiern wir, noch ehe der Mond sich rundet, eine fröhliche Hochzeit." Da freute sich das Mädchen, aber ehe es noch antworten konnte, hörten sie hinter sich ein wildes Stampfen und Schnaufen. „Das ist er!" rief Mira voller Angst. Aber der Bursche riß drei Haare aus der Mähne seines Pferdes und warf sie hinter sich. Da war aus dem Wald um sie her ein weites Meer geworden. Der Bursche aber hatte sich in einen Walfisch verwandelt und trug Mira auf seinem breiten Rücken über die wilden Wellen. Voller Angst schaute sich Mira nach ihren Brüdern um. Da erkannte sie, daß diese zwei muntere Fische geworden waren. Sie schwammen an der Seite des Walfisches und schlugen übermütig mit den Schwänzen das Wasser.

Der Mond war aus der Wolke getreten, und man konnte am Ufer den Widder erkennen. Mit bösen, glühenden Augen schaute er ihnen nach. „Wir haben Zeit", sagte der Walfisch, und die Fische nickten ihm bestätigend zu. Sie schwammen in der weiten See und waren lustig und guter Dinge. Nur Mira war es ganz schwer ums Herz. Sie wußte kaum, war es vor Furcht oder aus Liebe zu ihrem alten Vater, der nun dort einsam am Ufer stand und ihr böse war. Drei Tage und Nächte stand er dort und rührte sich nicht von der Stelle. Aber er mußte erkennen, daß seine Macht und seine Zau-

90

berworte zu schwach waren, um Mira dem Fremdling zu entreißen. Oder war es ihm so schwer, sein geliebtes Kind zu verlieren? Schließlich wurden seine Augen traurig und müde. Er ließ den Kopf sinken und wandte sich schweigend ab.

Mira hatte alle drei Tage in Angst und Zagen um ein gutes Ende gebetet. Als sie den Vater so betrübt davongehen sah, hielt sie es nicht mehr bei dem Walfisch. „Laß mich ans Ufer!" rief sie ihm verzweifelt zu. Und kaum dort angekommen lief sie hinter ihrem Vater her. „Ach, lieber Vater, vergib mir. Ich wollte dich nicht kränken. Aber du mußt auch meine Sehnsucht verstehen, die mich zu diesem Manne zieht." Da warf der Vater das zottige Widderfell ab, und sie lagen einander voll Tränen in den Armen. „So muß ich meinen Schwur brechen", sagte der Vater bedrückt, „wenn ich meines Kindes Herz nicht brechen will, denn ich wollte dich nie einem anderen, als meinem Nachfolger zur Frau geben." Da schlug der Walfisch mit seinem mächtigen Schwanz die See, und das Wasser zerstob wie Nebel im Wind. Der Bursch aber stand lachend mit den zwei Brüdern vor dem Förster. „Ob ich euer Nachfolger werde, das liegt an euch", sagte er zum Förster, „denn im Schießen kommt mir kein zweiter gleich." Da wurde der alte Förster von Herzen froh, und sie freuten sich allesamt, und ehe der Mond sich rundete, wurde die Hochzeit gefeiert.

Der Walfisch mit dem leuchtenden Stern Mira, das heißt: Die Wunderbare, ist noch heute in den Herbstnächten am Himmel zu sehen und die Fische zu ihrer Seite. Auch der Widder neben dem Dreieck, dem Garten, ist zu sehen, in dem der alte Förster seine Tochter vor allen Blicken verborgen halten wollte.

Ende

Der Widder

Es war einmal ein Widder, der hatte ein dickes Fell und war größer als alle anderen und hatte außerdem ein Paar wunderschöne Hörner. Und da alle Tiere auf seine rundgebogenen Hörner schauten, so war er bald so eitel und eingebildet, daß er sich als das schönste aller Tiere vorkam. Er wurde immer vornehmer, und endlich suchte er sein Futter nicht mehr auf der Erde wie alle anderen Böcke, sondern fraß nur noch aus einem dreieckigen, goldenen Trog. Da wurden aber die Tiere ärgerlich und begannen zu murren. „Warum sollen wir schlechter sein?" sagten die weißen Böcke. „Wir möchten auch so gefüttert werden", murrten die schwarzen Böcke. „Nein, wir lassen uns das nicht gefallen", sagten sogar die sanften Schafe. Doch brauchte sich der Widder nur zu zeigen und mit den Hörnern zu drohen, so waren alle still und flüchteten vor dem schrecklichen Tier.

Dem Widder aber stieg seine Eitelkeit zu Kopf. Wenn er des Morgens an den Bach ging und seinen Frühtrunk nahm, so stand er oft wer weiß wie lange und bewunderte sein Bild im Wasser. Das hatten aber die drei Fischlein bemerkt, die in dem Bache hausten, und sie beschlossen, ihn gründlich zu narren. So standen sie jeden Morgen, wenn der Widder zur Tränke kam, an der Stelle und spielten und spritzten, daß der Wasserspiegel wild durcheinandertanzte. - Zuerst tat der Widder, als merke er es gar nicht, und dachte: „Morgen ist alles wieder gut." Aber als ihn die Fischlein am anderen Tag wieder neckten, wurde er böse und drohte ihnen mit den

93

Das Dreieck

Der Widder

Die Fische

94

Hörnern. Doch sie lachten ihn aus und tanzten um so lustiger. Da schmeckte dem Widder nicht einmal mehr das Futter aus dem goldenen Trog. Er saß so böse da, daß die anderen Böcke und Schafe es merkten. Und es dauerte gar nicht lange, da wußten alle, daß der stolze Übermütige seine Meister gefunden hatte.

Und als der dritte Tag anbrach und der Widder wieder zum Wasser ging, da standen hinter Hecken und Büschen, wohl versteckt, alle Schafe und wollten den lustigen Streit mit ansehen. Da ward der Widder ungeduldig, denn die Fischlein tanzten wieder in seinem Spiegelwasser umher und plantschten mit den breiten Schwänzen, daß es nur so spritzte. Böse schalt er; doch sie ließen sich gar nicht stören, und die Schafe ringsum begannen laut zu lachen.

Nun kam der helle Zorn über den Widder, und er stürzte mit seinen mächtigen Hörnern auf die Fischlein los. Doch diese schwammen schnell und gewandt auseinander. Der Widder aber fiel mit großem Schwung kopfüber in den Bach und konnte nur mit großer Mühe herausgezogen werden. So wurde der Widder endlich vernünftig, und alle Schafe und Böcke konnten wieder Freundschaft mit ihm schließen. Seine ganz besonderen Freunde wurden fortan die kleinen, lustigen Fischlein.

Noch heute sehen wir am Sternenhimmel den Widder ganz nah bei den beiden Fischen stehen.

Ende

96

Der lichte Ritter

In einem mächtigen Reich lebten einmal ein großer König und eine stolze Königin. Ihr Schloß funkelte von rotem Golde, und ihr ganzes Königreich war mit leuchtenden Edelsteinen ausgelegt. Wenn die Kaufleute aus fremden Ländern in das goldene Königreich kamen, so staunten sie über die breite Straße, die dorthin führte und die von feinem Goldstaub ganz überschüttet war. Durch die Prunkgemächer des prächtigen Schlosses wandelte täglich die Tochter des mächtigen Königs. Sie war blaß und zart wie eine Blume. Ihr Haar war hell und schlicht wie Flachs, und ihr Kleid war von matter, weißer Seide. Die großen, träumenden Augen waren das einzig Strahlende an ihr, denn sie mochte weder Gold noch Edelsteine. Täglich, wenn die Sonne sich zu den fernen Bergen neigte, stand sie auf dem Balkon und blickte hinaus in den Abend.

Dann kam der erste Sonntag im Mai. Auf der Kathedrale begann das silberne Glockenspiel zu läuten, aber sie zog es mit unwiderstehlicher Gewalt zu der alten Truhe, in der ihre Patengeschenke lagen, und ihre Hände griffen nach dem sonderbaren, feinen Leinen, das so zart und leicht wie ein Schleier war. Wie im Traum warf sie es über ihre Schultern und spürte, daß sie sich verwandelte. Als die Königin kam, um die Tochter zum festlichen Kirchgang zu holen, fand sie das Gemach leer. Vom Balkon aber klang noch der Flügelschlag eines Vogels, und sie sah einen weißen Schwan der Sonne zufliegen. Da ward sie böse und ärgerlich. Während sie an der Hand des Königs der Kirche zuschritt, in ihrem Kleid von schwerem Atlas, mit der langen Schleppe, die sechs kleine Diener trugen, dachte sie an nichts anderes, als wie sie den Heimlichkeiten der Tochter wehren könnte. Sie hörte nicht den Gesang des goldgeschmückten Chores, sah nicht die Lichterflammen vor den Bildern der Heiligen, sie spürte nicht die feierliche Stille ihres fest-

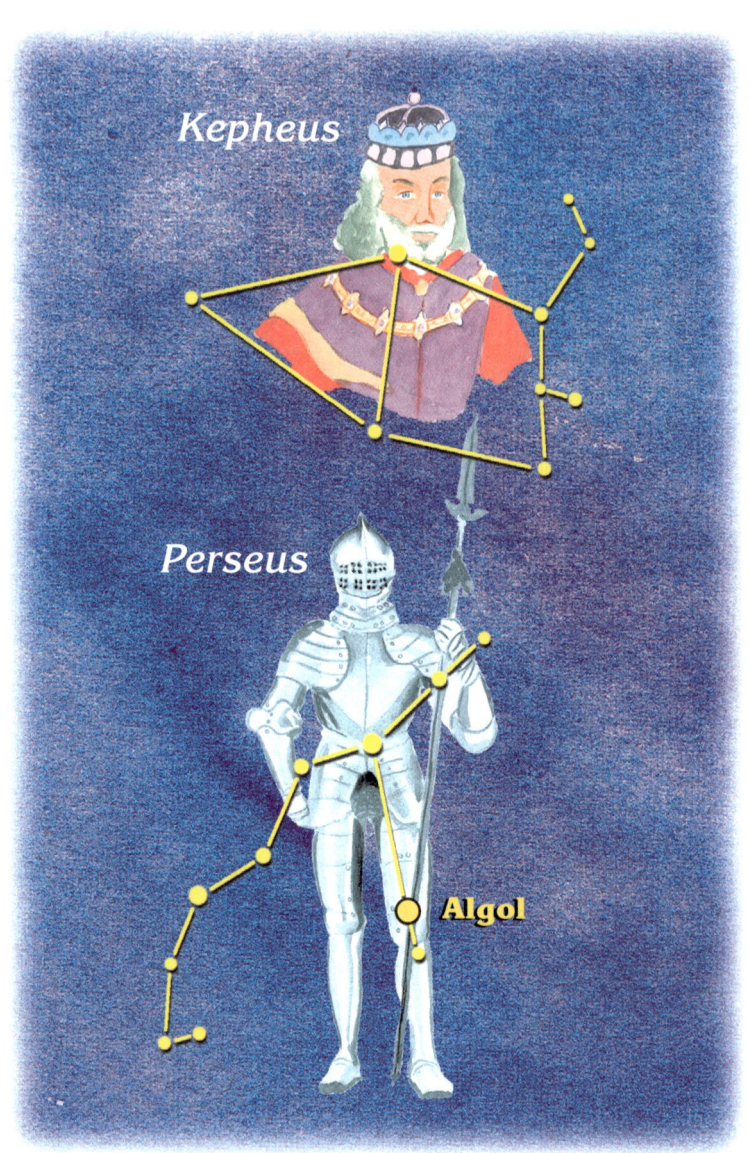

Kepheus

Perseus

Algol

lichen Hofstaates, der den säulengeschmückten Raum füllte; sie hörte nur den harten Schlag ihres zornigen Herzens. Als im Weihrauchduft das Lob des Allerhöchsten durch den Raum klang, stand ihr Entschluß fest, die ungehorsame Tochter mit dem gewaltigen König der Meere zu vermählen.

Unterdessen flog die Prinzessin in leichtem Flügelkleide über Wälder und Seen dahin, bis sie zum Berg Monsalve kam. Hier herauf klang kein Laut der Welt, und kein Wind rührte die Bäume. Die Sonne wand einen goldenen Heiligenschein in ihre Gipfel, und die Vögel lauschten der Stille. Die Königstochter verharrte in stummer Andacht. Dann wanderte sie in ihrer wahren Gestalt hinab ins Tal, wo eine mächtige Eiche stand. Des Baumes Wurzeln waren mit dem Erdreich verschlungen, und sein weites Geäst warf erquickenden Schatten über das Land. Doch seine Baumkrone war kahl und vom Blitz geknickt.

Unter der Eiche hauste ein uralter Schäfer und weidete seine Schafe. Schon von weitem hörte ihn die Königstochter flöten, und als sie bei ihm war, setzte sie sich zu seinen Füßen und lauschte den fremden Weisen. Die Flöte sang von der Sonne und dem Wind, von Tau und Regen und von der unerschöpflichen Kraft der Allmutter Erde. Schweigend lauschte die Königstochter. Sie lag im weichen Gras und schaute hinauf zu den Zweigen der Eiche. „Warum hat der schöne Baum eine tote Krone", fragte sie. „Gott straft Stolz und Selbstgefälligkeit", entgegnete der Schäfer. „Kann der Baum wieder schön und grün werden?", fragte sie weiter. „Wenn das Gute über das Dunkle siegt", antwortete der Schäfer. „Wann wird dieser Tag kommen?" wollte nun die Königstochter wissen. „Wenn der lichte Ritter heimkehrt und König wird." Und dann schwiegen sie beide, bis die Sonne sich zum Abend neigte. Da ging das Mädchen wieder auf den Berg, warf ihr Schwanenkleid über die Schultern und flog heim in ihr Schloß.

Der Schwan

Deneb

100

Als sie vor die Königin trat, sagte diese: „Meine Tochter, der König der dunklen Tiefe hat von deiner Schönheit gehört und begehrt dich zu seiner Gemahlin. Ehe der Mond sich rundet, holt er dich in sein Reich. Du wirst eine mächtige Königin werden über alle Meere, und unendliche Reichtümer werden zu deinen Füßen liegen. Aber die Königstochter schüttelte leise das Haupt: „Mich locken nicht Macht und Reichtum, meine Sehnsucht weist mir andere Wege." Die Königin aber hörte nicht auf ihre Worte; ehe es wieder Abend ward, hatte sie in der Truhe den zarten Schwanenschleier gefunden und daraus einen Brautschleier nähen lassen. Nun saß die Königstochter auf ihrem Balkon und weinte. Sie sah nicht den bunten Abendhimmel, noch hörte sie den süßen Gesang der Vögel vor dem Fenster. Sie grämte sich um ihr Schwanengewand, das sie nun nicht mehr zum Berg Monsalve tragen konnte.

Die Tage gingen dahin, und jeden Morgen schickte ihr der König der tiefen Wasser einen kostbaren Armring als Angebinde oder eine Kette in feinem Gefüge. Und sie mußte den Schmuck täglich tragen. Aber für sie war es, als sei es nur eine schwere Fessel, und ihre Augen glänzten von den vielen ungeweinten Tränen. Als der Mond sich zu runden begann, kam der Tag, da die Königstochter am Meeresufer des Boten harren sollte, den ihr der König der grünen Tiefe entgegenschicken wollte. Die Mutter begann sie zu schmücken, aber die Königstochter weinte bitterlich und bat: „Laß mich daheim bleiben, Mutter, mir graut vor der kalten Tiefe." Doch die Mutter schüttelte den Kopf: „Tu nur, wie ich dir sage, meine Tochter, und Reichtum und Glück werden auf deinem Wege liegen." Nochmals bat die Königstochter: „Gib mir meinen Schleier wieder, und laß mich das Glück suchen, zu dem mich mein Herz führt!" Aber die Mutter schüttelte abermals den Kopf: „Falsche Wege gehen deine Füße, meine Tochter. Nun sollen dich die goldenen Ketten vor allen Irrwegen bewahren."

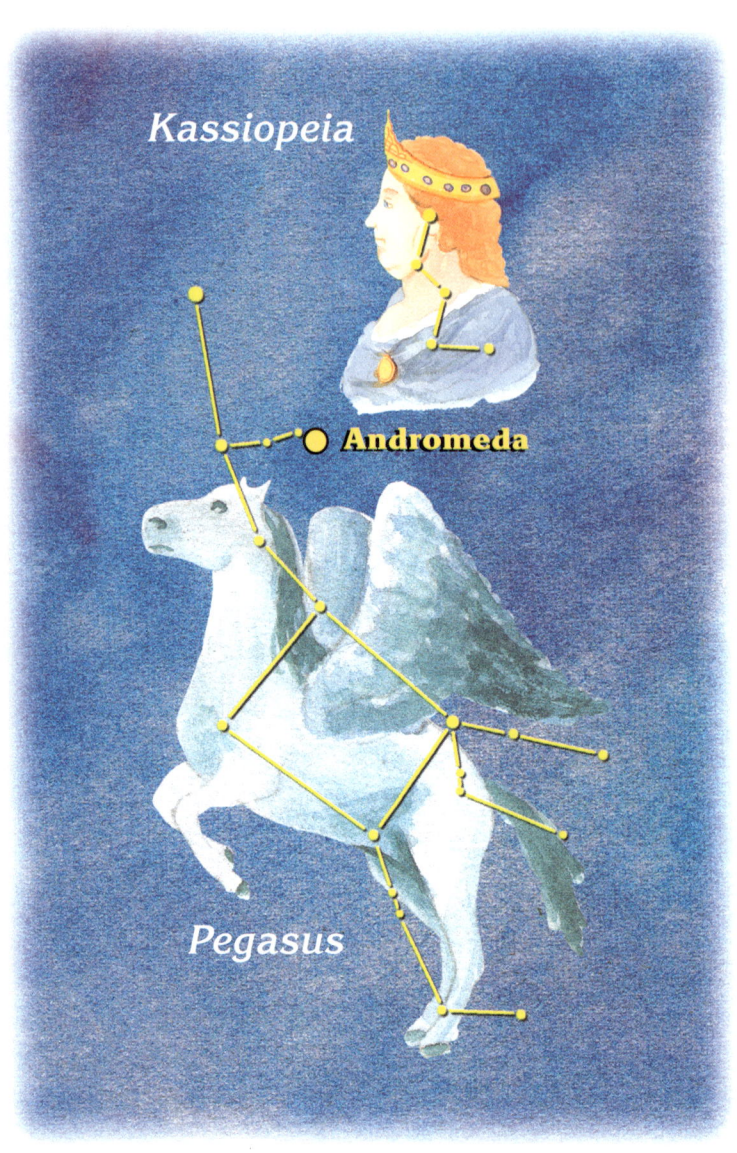

Kassiopeia

Andromeda

Pegasus

Da beschloß die Königstochter, heimlich alles Gold des Meereskönigs von sich zu werfen und in Armut davonzugehen. Doch als sie den Augen der Eltern entschwunden war, spürte sie den Zauber der goldenen Ketten, die sich nicht mehr abstreifen ließen, die ihre Füße wie mit Zwang zum Meere lenkten. Und das Wasser tat sich vor ihr auf. In stürmischem Wellenschlag wandte sich ihr ein Ungeheuer mit einem gewaltigen Rachen zu. Ihre Ketten wurden schwerer wie Eisen, sie konnte sich nicht rühren. Da sank sie nieder auf einen Stein und bedeckte ihre Augen mit den Händen. In diesem Augenblick klang ein Rauschen durch die Luft, wie von Flügelschlägen. Wieder brandete das Meer wild gegen das Ufer. Die Königstochter blickte auf vor Angst und Entsetzen, doch aller Schrecken wich von ihr, als sie einen Ritter in strahlender Rüstung auf das Untier eindringen sah. Sein Schild spiegelte den Glanz des Tages, und in seinem Schwert blitzte die Sonne.

Es war der lichte Ritter, und das Ungeheuer sank getroffen zurück. Sein giftiges Blut färbte das Meer rot. Dann trat der lichte Ritter zu der Königstochter und zerschlug mit seinem blanken Schwert die Zauberringe an ihren Armen, so daß die fremde Gewalt von ihr abfiel. Und der Ritter hob sie auf sein weißes Roß. Es hatte gewaltige Flügel und trug sie fort von dem Ort des Schreckens. Über Wälder und Seen ging der Ritt, und schließlich erblickte die Königstochter in der Ferne den Berg Monsalve. Auf einer Bergspitze hielt der Ritter inne. Er stieg vom Roß und blickte hinauf zu der Prinzessin. „Willst du zu mir kommen in mein Reich?" fragte er. Und dabei blickten seine Augen ernst und klar. Sie nickte mit glücklichem Lächeln. Da stieg er wieder auf, und das Flügelroß trug sie beide zu dem heiligen Berg Monsalve. Als die Königstochter ins Tal hinunterblickte, sah sie, daß der alten Eiche eine neue Krone gewachsen war. Dahinter aber stand ein herrliches Haus mit weißen Säulen, und ringsumher lag blühendes Land, und fröhliche Menschen gingen fleißig ihrem Tagwerk nach. „Wie

104

schön es hier ist!" sagte sie leise und faltete die Hände, als sie abgestiegen waren. Voller Staunen blickte sie sich um. Da sah sie den alten Schäfer, der zu ihnen getreten war. Er neigte sich tief vor dem lichten Ritter: „Nun ist dein Reich erlöst und deine Aufgabe vollendet. Nun bist du König, und mein Dienst ist aus." Noch einmal blickte er verklärt hinab ins blühende Tal, das in klarem Sonnenschein dalag. Langsam wandte er sich ab. Dann winkte er den beiden und war bald in der Ferne verschwunden. Der lichte Ritter aber und die Königstochter schritten zusammen in ihr Reich und herrschten dort in Weisheit und Güte.

Wenn uns der Sommer verläßt und in der Dunkelheit bereits früh die Sterne funkeln, kann man sie alle am Himmelsbogen finden: Perseus, den lichten Ritter und die Königstochter Andromeda, die Angekettete. Ebenso ihre Eltern, den König Kepheus und seine Gemahlin Kassiopeia. Dann das Flügelroß Pegasus und den fliegenden Schwan, genau wie die goldene Straße, die über den ganzen Himmel führt, und die wir Milchstraße nennen. Und wenn ihr recht sucht - vielleicht könnt auch ihr dann den Berg Monsalve finden, wo das Land der ewigen Sonne liegt.

Ende

Der Wassermann

Der südliche Fisch

Formalhaut

Der Wassermann

Weit, sehr weit von hier liegt das unendliche, das ewige Meer. Die feinen, silbern glänzenden Wellen huschen über den glatten Seesand, und wenn die Sonne abends in ihr purpurnes Wolkenbett, weit hinter dem Wasser versinkt, rauschen sie leise ihr Nachtlied. Dort lebte einst der Wassermann. Er saß Tag um Tag in seiner traumdunklen Halle tief unten am Grunde des Meeres und sann vor sich hin. Lautlos glitten die Fische an seinem Thron vorüber, und die schaumweißen Meerjungfern wiegten sich in der grünen Tiefe. Er sann über den Urbeginn der Welten nach, und seine lichtlosen Augen sahen das Wallen und Wogen des ewigen Dunkels, das voll stummer Unruhe war und auf das lebenbringende Licht wartete. Er sann über den Urbeginn der Erde nach, und sein Blick sah die leblosen Klippen, er folgte den Adern des Gesteins in ihrem jahrtausendelangen Wachsen und ruhte schließlich auf den feinen, klaren Sandkörnern, die sich seit endlosen Zeiten vom Stein losrissen. Tag um Tag saß er so, und nichts in der unendlichen Stille störte sein Sinnen.

Oben aber, am Ufer des Meeres, hinter den gelben Dünen, hinter dem Kiefernwald lag eine alte Burg. Sie sah wohl finster und trutzig aus, aber hinter ihren Mauern hörte man viel häufiger fröhliches Lachen als Waffengeklirr. Dort lebte die kleine Burgfrau. Tag um Tag ging sie hinaus zu den Dünen und schaute auf das weite, blaue Meer. Die Wellen rauschten mit weißem Schaum zum Ufer und glitten langsam zurück. Der Wind spielte mit den Kronen der alten Kiefern und mit ihrem bernsteinfarbenen Haar. Er sang von der weiten Welt und von der großen Sehnsucht. Die kleine Burgfrau lauschte und träumte. Einmal - es war an einem schwülen Sommertag - war die kleine Burgfrau unterwegs, da kam ein Unwetter vom Meere hergezogen. Mit mächtigem Grollen

108

stürmten die blauschwarzen Wolken über den Himmel. Flammende Blitze schlugen zur Erde nieder, und prasselnder Regen wirbelte über den fahlen Sand. Die kleine Burgfrau war unter ein altes, windschiefes Hüttendach geflüchtet. Mit Bangen, Neugier und Lust sah sie dem wilden Spiel zwischen Himmel und Erde zu, bis alles wie ein Spuk verschwunden war, und hinter den flatternden Wolkenfetzen die Sonne hervorbrach. Da eilte das kleine Burgfräulein unter dem Dach hervor und sprang in heller Freude den Strand entlang.

Der Sturm hatte ein Boot an das Ufer getrieben. Es war leicht und zierlich gefügt, mit silbernen Beschlägen, die von weitem glänzten. Es schien als hätte es jemand für sie geschickt, und so konnte sich die kleine Burgfrau nicht enthalten. Sie stieg in das Boot, um ein wenig darin zu schaukeln. Doch die Wellen faßten das Boot und trugen es immer weiter auf das Meer hinaus. Das Burgfräulein freute sich über die herrliche Fahrt; ihre Hände spielten mit dem lichtklaren Wasser, und ihre Augen suchten die schimmernde Tiefe. Aber auch den Wassermann auf dem dunklen Grunde hatte das wilde Wetter aus seinem Sinnen erweckt. Der Donner zitterte in der Tiefe weiter. Die kleinen Fische schlüpften in den tiefsten Schatten und blieben dort reglos stehen. Die Seejungfern hüllten sich in ihr weiches, grasgrünes Haar und bedeckten ihre traumtiefen Augen mit den schmalen Händen. Fomalhaut, der Fisch der Urtiefe mit dem großen, glänzenden Auge, lag starr und unbeweglich am Grunde. Sein bärtiger Rachen schnappte langsam auf und zu, und seine Kiemen bewegten das Wasser. Er blickte auf seinen König, den eine Unruhe erfüllte, und sagte mit tiefer Stimme: „Laß dich nicht treiben vom kleinen Erdengeschehen, du Herr der unfaßbaren Tiefen. Laß dich nicht an irdisches Leben ketten, du Herr der ewigen Rätsel." Aber es war, als höre der Wassermann sein Reden

110

nicht. Die Meerjungfrauen hoben ihre Köpfe, und es schien ihnen, als wehe sein Haar unruhig und als leuchteten seine Augen auf, wie der schmale, goldene Stirnreif auf dem mächtigen Haupt. Noch einmal erhob Fomalhaut seine Stimme und warnte: „Geh nicht, o Herr der Wunschlosen, zu den Geschöpfen der Erde, die ihre Seelen mit heißem Sehnen zerreißen und an ihren Wünschen vergehen!"

Aber der Wassermann hörte nicht auf ihn. Wie von einem Traum geführt, stieg er empor zu den klaren Wassern. Als der erste Sonnenstrahl seine Augen traf, sah er das liebliche Bild der gold-haarigen Burgfrau, die sich über den Rand ihres Schiffes beugte. Auch sie wurde seiner gewahr, wie er hinter den glashellen Wellen auf sie blickte. Da war es ihr, als hätte die rätselvolle Tiefe Gestalt gewonnen. Sie sah auf die schmalen, blassen Lippen des Wassermanns und wußte, daß diese ihr alle Geheimnisse des unendlichen Dunkels verraten könnten. Sie sah seine opalfarbe-nen Augen mit dem fernen Blick und spürte, daß sie in ihnen ihr ganzes, enges Menschsein vergessen könnte, und sie fühlte die Kühle der Wellen, die weiche Schmiegsamkeit des grünen Wasserschwammes, das wiegende Schaukeln zarter Algen um ihn. Er sah nur das helle Leuchten ihres Haares und fragte mit ton-loser Stimme: „Sonnenjungfrau, willst du mit mir kommen in mein einsames Reich?" Und er streckte die blasse Hand nach ihr aus. Da legte sie ihre blutdurchflossenen Finger in seine kühle Rechte und sank zu ihm hinab. Kühl ist es auf dem tiefen Grund des Meeres, und ewig ist dort das Schweigen.

Es vergingen Tage - oder waren es Ewigkeiten? Die kleine Burgfrau spürte ein Schauern unter den leeren Blicken der Meermädchen. Ihre rosigen Hände waren blaß und müde gewor-den, ihr Haar hatte den letzten Sonnenschimmer verloren und wall-te silbern kühl um ihre schmale Gestalt. Nur das Herz glühte noch

112

wie ein Funke unter der Asche und ließ sie fremd bleiben im Reich der Tiefe. Wieder saß der Wassermann reglos auf seinem Thron. Nur ab und zu glitt sein Blick über die zarte Burgfrau. Wie ein trauter Klang in einem schweren Traum drang es an seine Seele. Aber er erwachte nicht aus seiner Erstarrung, auch wenn die Jungfrau sich sehnsüchtig an seine Knie schmiegte und nach dem sonderbaren Leuchten in seinen Augen suchte. Der Wassermann verweilte in seinem Weltenschlaf, so daß die Hände der Jungfrau müde in ihren Schoß sanken und in ihre Augen Trauer einzog. Der Fisch Fomalhaut aber schnappte mit seinem Riesenrachen im Wasser und fächelte langsam mit den Kiemen: „Wind und Wasser haben verschiedene Wege, Kälte und Hitze werden nicht eines, Licht und Dunkel sind in Ewigkeit getrennt."

Die kleine Burgfrau seufzte schwer und tief. Sie dachte an die sonnenbeschienene Reife goldener Felder, an die Schwärme der Sommervögel im blassen Blau des Himmels, die sich zu weiter Fahrt rüsten. Es war ihr, als spüre sie den Duft der fruchtschweren Gärten und das leise Streicheln der seidenen Sommerfäden, die zwischen den Bäumen hängen, wenn diese sich färben. Die Tage gingen dahin. Der bunte Herbst hatte auf der Erde seinen Einzug gehalten. Die kleine Burgfrau ging im tiefen Meeresdunkel spazieren und reckte sich sehnsüchtig nach oben, um nur den Schimmer eines fernen Sonnenstrahls zu erspähen. Doch nur grüne Dämmerung war um sie, und kein froher Laut entzauberte die drückende Stille. Eines Tages, als sie so dahinging war ihr, als leuchte ein blasser Sonnenstrahl unter den samtgrünen, moosigen Steinen. Als sie sich bückte und näher hinsah, bemerkte sie, daß es ein kleiner, goldener Ring war. Sie hob ihn auf und steckte ihn an ihren Finger. Da begann er noch mehr zu leuchten und sie erkannte, daß sonderbare Zeichen darauf eingeritzt waren. Seit

Pegasus

diesem Tage war das müde Herz der kleinen Burgfrau wieder still und froh.

Wenn sie oft schweigend zu Füßen des Wassermanns dasaß, begann sie an dem Ringlein zu drehen. Dann war ihr, als stünde alles leibhaftig vor ihr, was sie verloren hatte und ersehnte: den bernsteingelben Strand mit dem Kranz grüner Kiefernwälder und dem lichten Himmelsblau. Sie sah die Wolken im Winde ziehen und hörte die Lieder der Vögel. Sie sah die Fischerboote über das glitzernde Meer gleiten und die schweren Netze schleppen. Sie hörte das emsige Werken fleißiger Menschen und das fröhliche Lachen spielender Kinder. Sie sah auch die Tränen und das kleine Leid der Tage unter dem Sonnenhimmel. Aber auch das dünkte sie so schön, ja voller Schwermut, daß sie glaubte, ihr Herz müsse ihr vor Sehnsucht zerspringen. Sie spürte nicht, wie der Wassermann aus seinem Traum erwachte, wie seine Hand in leiser Zärtlichkeit über ihr weiches Haar glitt, sie sah nicht die wissenden Blicke Fomalhauts, denn er kannte das Geheimnis des Wunschringes, der einst vom Finger einer treulosen Königin in das Meer versunken war. Und er wußte auch von dem Leid, das dem König der Tiefe, seinem Herrn, bevorstand. Unbeweglich lag er da und murmelte: „Alles Ding hat seinen Platz im Schoß der Welten, und was nicht zusammengehört, soll nicht zusammenbleiben. Wer den Rätseln des Lebens nachgeht, der braucht die Einsamkeit. Der lichte Schmetterling braucht Sonne und Luft." Aber niemand hörte auf ihn.

Die Wärme der kleinen Burgfrau gab dem Wassermann neues Leben, und sein Herz wollte aus dem tiefen Schlaf erwachen. Aus unendlichen Fernen kehrte sein Blick zurück, und seine Arme streckten sich nach der Träumenden. „Sonnenjungfrau, komm zu mir!" flüsterte seine klanglose Stimme, aber die kleine Burgfrau hörte ihn nicht mehr. Sie drehte an ihrem Ring und sah nichts als die Bilder der Sehnsucht, die lebendig vor ihr schwebten. Sie sah die alte Mutter mit dem weichen Lächeln, den Vater in schimmernder Rüstung. Sie sah den fremden, schönen Ritter, dem sie um die Maienzeit die Hand zum Tanze gereicht hatte, mit dem sie über blühende Wiesen geritten war. Da füllten Tränen ihre Augen, und sie streckte die Arme nach ihrem treuen Schimmel aus: „Pegasus, komm und trage mich nach Hause!" Seltsam hallte ihre Stimme in der Stille des Meeresgrundes. Da rauschte das Wasser auf, und Pegasus, ihr treuer Schimmel, stand vor ihr. Ein Jauchzen kam von ihren Lippen, und mit altgewohnter Leichtigkeit schwang sie sich in den Sattel. Sie hatte keine Zeit sich umzusehen, denn noch ehe sie sich besonnen hatte, trug das herrliche Roß sie aus der Tiefe empor ans Licht, und mit freudigem Lachen ging es durch Wald und Felder heimwärts.

Glück und Freude waren wieder in der alten Burg eingezogen, und ehe ein Jahr vorüberging, war sie die Gemahlin des schönen Ritters. Der Wassermann stand noch immer mit ausgestreckten Armen da. „Sonnentochter, warum läßt du mich so allein?" flüsterte er traurig. Aber sein Flüstern erstarb in der ewigen Stille der Meerestiefen. Der Fisch Fomalhaut schnappte mit dem breiten Maul, seine Kiemen schaukelten das Wasser: „Ich habe dich vor den Menschenwesen gewarnt, du König der dunklen Tiefe. Nun mußt du dein Leid tragen."

Jedes Jahr, wenn sich die Bäume golden färben, sehen wir den Wassermann der Tiefe entsteigen. Mit ausgebreiteten Armen steht er am Himmelsrand und blickt dahin, wo seine Sonnenjungfrau entschwunden ist, nach Süden, und unter ihm leuchtet das Auge des Südlichen Fisches Fomalhaut. Aber der Sturmwind zerreißt das bunte Kleid der Erde, der erste Schnee fällt weich auf Hoffnung und Trauer. Dann senkt auch der Wassermann müde die Arme und verschwindet in sein einsames Reich. Ob ihn die kleine Burgfrau vergessen hat? Ach, sie war glücklich im Licht der Sonne und an der Seite des schönen Ritters. Doch wenn sie am Meeresufer spazieren ging, wenn ihr das Rauschen der Wogen in die Ohren brauste, verstummte sie mitten im Lachen. Es war ihr dann, als höre sie aus der Tiefe ein einsames Klagen, und die Erinnerung an das stille, kühle Reich durchschauerte sie. Sie sah vor sich den Wassermann mit den schmalen, blassen Lippen, sie sah die opalfarbenen Augen mit dem fernen Blick und fühlte die kalte Hand.

Ob sie ihn ganz vergessen hat? Wer weiß es, und wer kann es sagen? Als sie ein Töchterlein im Arme hielt, nannte sie es Lilofee. Doch wenn man sie nach dem fremden, sonderbaren Namen fragte, schüttelte sie nur lächelnd den Kopf und summte ein altes Lied vor sich hin, das sie in Kindertagen einmal von einem fahrenden Sänger gehört hatte, ein Lied, nach dem sich die schlanken Meejungfern im Reigen zu schwingen schienen in der ewigen Stille der Tiefe.

Ende

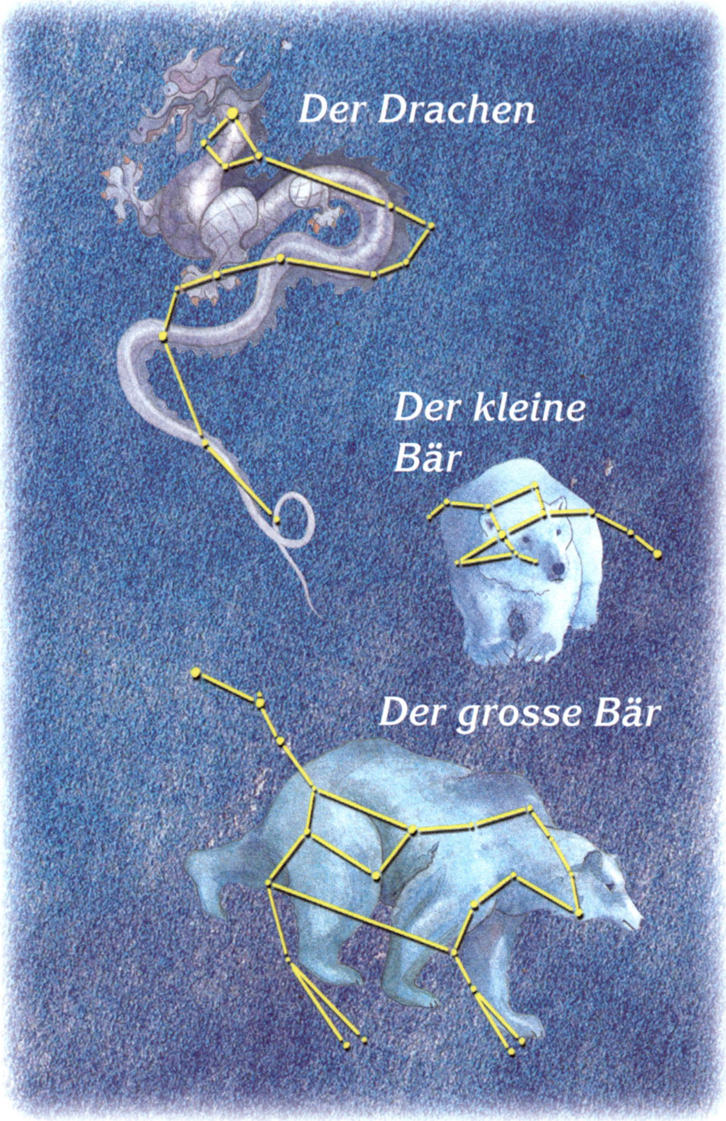

Der Drachen

Der kleine Bär

Der grosse Bär

Der fremde Zauber

Es waren einmal zwei Brüder, die lebten in einem fernen Land. Sie liebten einander über die Maßen. Der ältere war schön von Angesicht, wagemutig und verwegen, der andere war still und suchte oft in schweigendem Sinnen die Einsamkeit. In ihrem Hause herrschte nie Not oder gar Hunger, denn in ihrem Garten stand ein Baum, der das ganze Jahr über goldene Früchte trug. So waren sie froh und glücklich und halfen jedem, der in Not war. Wenn sie in ihrem Wagen durch das Land fuhren und den Leuten, die ihnen begegneten, fröhlich zuwinkten, grüßte sie jeder voller Herzlichkeit. Wo jemand fleißig schaffte, verweilten sie gerne, sprachen mit ihm, und die Teilnahme war jedem wie ein Geschenk und machte ihn glücklich.

Da begab es sich einmal, daß die beiden heimkehrten und dort, vor ihrem Haus im Staube sitzend, ein Mädchen fanden, das bitterlich weinte. Ihre Haare ringelten sich wie kleine Schlangen um Schultern und Arme, und wie die Sonne darauf schien, wechselten sie die Farbe - bald waren sie goldenrot, bald sogar grün. Die Brüder gingen hin und fragten: „Warum weinst du hier bei uns?" „Wie soll ich nicht weinen", antwortete das Mädchen, „wenn ich so allein in der Fremde bin, und wenn niemand mir hilft?" „Woher kommst du?", wollte der jüngere Bruder wissen. Die Antwort klang fremd und geheimnisvoll: „Hinter den Erlenbüschen, wo die Nebel weiß wallen, ist meines Vaters Reich. In meine Wiege leuchtete der Mond. Sein Glanz schimmerte auf dem dunklen Wasser. Die Blumen läuteten zum Feiertag, und die Vögel im Busch lehrten mich ihren Zauber." „Und wohin willst du nun?", fragte der ältere. „Was erwartest du?" „Die Nebelfrau schickte mich in die Welt", war die Antwort. „Aber überall schrecken mich die Glocken, mit ihrem heiligen Geläut. Nun finde ich keinen Weg mehr, und meine Füße sind müde." Dem jüngeren Bruder tat das Mädchen so sehr leid.

Aber ehe er noch etwas sagen konnte, sprach der ältere: „Geh ins Haus und laß dir Essen, Kleider und Arbeit geben. Gefällt es dir, so kannst du hier bleiben." Das Mädchen erhob sich und schaute zu den Brüdern auf. In ihren Augen war ein grüngoldener Schimmer, der Mund war so rot im blassen Gesicht, wie Blut in weißem Schnee. Mit schwingendem Gang ihrer schlanken Glieder ging sie schweigend zum Haus. Die Brüder blickten ihr nach und fanden zum ersten Mal kein Wort füreinander. Ein drückendes Schweigen lag zwischen ihnen.

Täglich sammelte das Mädchen die goldenen Früchte des Baumes in große Körbe. Den schönen Bruder zog es dann immer hinaus in den Garten, und er half ihr gern bei der Arbeit. Am Fenster des Hauses aber saß der stille Bruder, und er sah hinab auf die beiden. Seine Lippen preßten sich aufeinander, und unruhig schlug sein Herz. Am Saume des Waldes sprudelte ein Quell aus tiefem Gestein. Täglich schöpfte dort das fremde Mädchen Wasser für die Mahlzeiten. Oft stand hier im Schatten der Bäume der stille Bruder. Er lauschte auf das Rinnen des Wassers, aber seine Blicke waren immer wieder auf den Weg gerichtet, der zum Hause führte, bis das fremde Mädchen kam. Zuweilen plauderte er mit ihr, während sie das Wasser schöpfte. Aber dann, wenn er seinen älteren Bruder von der Jagd kommen sah, und neben ihm der rote Rock des Mädchens aufleuchtete, wandte er sich wütend ab, lief in den Wald und trommelte verzweifelt und zornig gegen die Rinde der alten Eiche.

So gingen Tage, Wochen und Monate dahin. Winterlich wurde die Welt, und wieder strahlte der Frühling im Land mit leuchtendem

Grün, mit dem berauschenden Duft der Blüten. Heißer schlugen alle Herzen, und auch die Augen der beiden Brüder glühten voll Feuer. Doch hart und kalt wurde ihr Blick, wenn sie einander begegneten, und trotzig wandten sie sich voneinander ab. Das fremde Mädchen schien von alledem nichts zu sehen oder zu bemerken. Ihre Augen leuchteten noch immer mit grüngoldenem, heißem Blick, ihre Wangen schimmerten so rot wie Pfirsiche, und um den Mund lag ein leises Lächeln, das nicht zu deuten war. Eines Tages standen die Brüder einander Aug' in Auge gegenüber. „Mir gehört das Mädchen", sagte der ältere. Der andere schüttelte den Kopf: „Ich lasse sie mir nicht nehmen!" Die Augen glühten, und die Hände griffen zum Schwert - da erklangen die Pfingstglocken feierlich durch das Land, und die Brüder erschraken in ihren Herzen. Mit kurzem Blick streiften sie einander und ließen die Schwerter sinken. Fast war es, als wollten sie einander die Hand reichen, doch da leuchtete vom Hof ein grellroter, flatternder Rock. Heiß stieg beiden das Blut in den Kopf, und schweigend wandten sie sich voneinander ab. Die Schwüle der Sommernächte drang mit betäubendem Duft in die Schlafgemächer der Brüder. Sie fanden weder Schlaf noch Ruhe.

Als der Tag der Sonnenwende gekommen war, kannte ihre Sehnsucht keine Grenze mehr. So beschlossen die Brüder vor sie hinzutreten, damit sie zwischen ihnen entscheide. Dämmerung lag über dem Land, zwischen Tag und Nacht schwankte die Zeit. Rätselhaft war das Lächeln auf den Lippen des Mädchens. „Wähle!" sagten die Brüder, und es war ihnen, als hinge für sie die Waage zwischen Leben und Tode. Aber das Mädchen schaute mit traumdunklen Augen in die Ferne, wo die weißen Nebel über dem Sumpf wallten. „Meine Schwestern tanzen den Sommerreigen", sagte sie leise und achtete nicht auf die Brüder, „im Walde ruft die Eule den Tod aus." „Wähle!" sagten die Brüder abermals, und es grollte in ihren Stimmen. „Glühwürmchen leuchten zu Elfenrei-

gen", sagte das Mädchen wie mit singender Stimme. „Ich glaube, der Wassermann ruft mich im Sumpf." „Wähle!" ertönte es zum dritten Mal, und hart klang das Wort durch den duftenden Abend.

Das Mädchen fuhr auf wie aus einem Traum und sah erschreckt von einem zum anderen. Dann schaukelte es leise den Kopf und summte eine sonderbare Weise vor sich hin. „Kommt, kommt mit mir, kommt mit zum Reigen - der Wichtel bläst die Schalmei - die Windtöchter spielen die Geigen - eins, zwei, drei - eins, zwei, drei - die Bergmuhme sitzt in dem Wurzelhaus und rechnet die Regentage aus - die fragen wir, wen ich wählen soll - am liebsten wählte ich beide wohl - euch beide - kommt mit, alle beide."

Sie zog die Brüder mit sich fort, und willenlos folgten sie ihr. Hell schien der Mond auf die Wiese im dunklen Wald. Bleich schimmerte der Tümpel im Moor. Sumpfblumen reckten sich in die Höhe. Lautlos wogten im Nebel ungetüme Gestalten, schreckliches Getier aus wilder Urzeit. Moderduft stieg auf vom Grunde. Die Brüder erschraken, doch sie konnten nicht zurück. Vor ihnen lockten sie die grüngoldenen Augen des Mädchens. „Kommt", flüsterte sie, „kommt!" und ergriff die Hände der beiden. Ihre Augen begannen zu leuchten wie schillernde Schlangenaugen, und ihre zarten weißen Hände verwandelten sich in lederne Drachenflügel. Die Brüder wußten nicht, ob sie träumten. War es der Rock des Mädchens, der vor ihren Augen tanzte, oder drohte ein blutroter Rachen im Nebel und wollte sie verschlingen? Flatterte ihr rotgoldenes Haar vor ihnen, oder waren es zuckende, lodernde Flammen? „Zauber birgt diese Nacht", hörten sie den Ruf der Eule. „Alles findet heute die wahre Gestalt", klang der Schrei des

Raben zurück. Hinter den Tannen lachte es heiser. Das war die Wurzelhexe. Den Brüdern stockte der Atem vor Grauen. Aber als sie dann an sich hinabsahen, erschraken sie bis ins innerste Herz; all ihre Schönheit war verschwunden. Ein zottiger Pelz bedeckte ihren Leib, schwarze Bärentatzen waren ihre Hände, und auf großen Bärenfüßen trotteten sie plump und schwer.

Sie versuchten aus dem schaurigen Grund herauszukommen, sie wollten alles abschütteln, was sie niederdrückte. Sie stemmten sich mit aller Kraft empor. Doch schließlich fielen sie mit mattem Brummen wieder zur Erde nieder. Da sahen sie einen geschmeidigen, schillernden Drachen, der sich zwischen ihnen mit leichtem Flügelschlag in die Lüfte erhob, sie hörten sein böses Lachen über sich aus der Höhe, und in den feurigen Augen erkannten sie den Blick des Mädchens.

Noch heute träumen die beiden Bären von ihrem einstigen Glück und von ihrem reichen Leben, das sie verloren haben, als sie die Liebe füreinander vergaßen. Sie warten auf den Tag, an dem sie wieder vereint zum Licht emporsteigen können. Doch der Drache wird für ewig zwischen ihnen stehen.

Ende

IM WINTER

Der Himmelsjäger

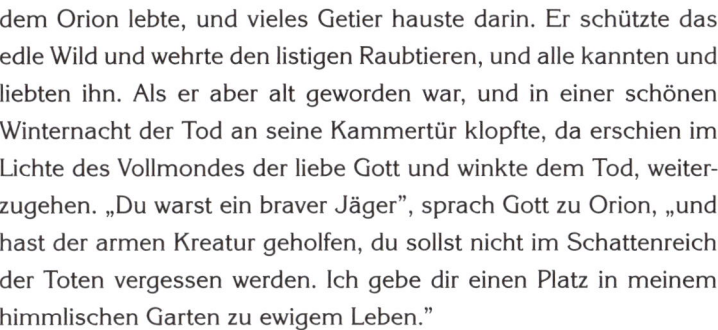

Es war in einem fernen Lande, weit fort von hier, da lebte im Wald ein gewaltiger Jäger, der hieß Orion. Er trug einen Gürtel von reinem Golde, ein kurzes, scharfes Schwert hing an seiner Seite; auf seiner Schulter lag eine Armbrust, und daran glänzte ein prächtiger Edelstein. Es war ein mächtiger Wald, in dem Orion lebte, und vieles Getier hauste darin. Er schützte das edle Wild und wehrte den listigen Raubtieren, und alle kannten und liebten ihn. Als er aber alt geworden war, und in einer schönen Winternacht der Tod an seine Kammertür klopfte, da erschien im Lichte des Vollmondes der liebe Gott und winkte dem Tod, weiterzugehen. „Du warst ein braver Jäger", sprach Gott zu Orion, „und hast der armen Kreatur geholfen, du sollst nicht im Schattenreich der Toten vergessen werden. Ich gebe dir einen Platz in meinem himmlischen Garten zu ewigem Leben."

Orion freute sich, dennoch seufzte er und fragte: „Soll ich ewig leben und alles zurücklassen, was mir lieb war?" Und Gott antwortete: „Du darfst drei Tiere mit dir nehmen. Morgen um die gleiche Zeit komme ich wieder und hole mir Antwort." Dann ging er. Der Jäger aber lag auf seinem Lager und sann und konnte zu keinem Ende kommen, so lieb waren ihm alle Tiere. Die Eule hatte Gottes Wort gehört. Sie flog durch den Wald, weckte seine Bewohner und erzählte alles, was sie wußte. Und ehe der Morgen dämmerte, standen nun die Tiere vor der Hütte und baten den Jäger, sie anzuhören. Zuerst pochte die Häsin an die Tür. „Lieber Orion", sagte sie, „nimm mich mit in den Himmelsgarten!" - „Warum gera-

Orion

Beteigeuze

Der grosse
Hund

Sirius

Rigel

Der Hase

Die Taube

de dich?" fragte Orion. Da entgegnete die Häsin: „Als du noch nicht in unserem Walde warst, hatten wir armen Hasen eine bittere Zeit. Die bösen Tiere fingen uns; die Menschen schlugen uns tot, wo sie uns fanden. Niemand war, uns zu schützen. Im Herbst hatten wir flinke Füße, da ging es noch; aber im Frühjahr hatten wir Hasenmütter viel zu erdulden. Man hetzte uns und unsere kleinen Häschen fast zu Tode. - Einmal standen deine drei großen Hunde vor meinem Nest, und ich wollte vergehen vor Angst. Da riefst du sie zu dir und verwarntest sie. Und weil dich alle im Wald lieben, haben sie gern nach deinem Wort getan. Nun gehst du, und niemand wird uns schützen." „Wie kann ich's hindern, Häschen", sagte der Jäger traurig. „Ich kann nicht ewig hier leben." „Nimm mich mit", bat die Häsin, „laß mich zu deinen Füßen sitzen, und wenn die Menschen uns zusammen sehen, so werden sie die arme Kreatur nicht vergessen, die du immer geschützt hast." „Es sei", sagte der Jäger, „ich nehme dich mit!"

Kaum hatte er geendet, da - pick, pick, pick - klopfte es ans Fenster, und als er öffnete, flog das Täubchen herein. „Nun, Täubchen", sagte er, „komm her und sag mir, was du auf dem Herzen hast." Die Taube flatterte ihm auf die Schulter und bat: „Orion, laß mich bei dir bleiben!" Der Jäger strich zärtlich über ihr Gefieder und nickte: Ja, Täubchen, dich möchte ich mit mir nehmen. Aus dem Dunkel des grünen Waldes flogst du hinaus ans Licht der Sonne, und immer war deine Heimkehr ein Gruß aus der ewigen Klarheit. Du brachtest mir Glauben und Trost. Dich kann ich nicht missen im himmlischen Garten." - Die Taube schmiegte sich an seine Wange und gurrte eifrig: „Wenn du am Himmel emporsteigst, will ich bis ans Ende der Welt fliegen und dir Botschaft holen und Kunde." Das Täubchen schwieg, und es war still in der Stube.

Da hörte der Jäger ein tiefes Schnaufen, und als er sich umblick-

te, sah er in die braunen Augen seines großen
Hundes. Der lag vor ihm und rührte sich nicht.
Nur seine Augen ruhten unverwandt auf seinem Herrn. „Nun, Sirius", fragte der Jäger
und kraulte den struppigen Kopf, „hast du
wohl auch eine Bitte?" Der Hund leckte die Hand
seines Herrn, sein Schwanz klopfte den Fußboden,
aber er gab keinen Laut. „Möchtest du auch mit?" Gespannt
blickte das Tier auf, die Ohren gespitzt. „Ich weiß, du kannst
nicht bitten, Sirius, aber du warst immer an meiner Seite, du mußt
auch bei mir bleiben, und immer werden die Menschen dein treu-
es Hundeherz droben leuchten sehen."

Der Tag ging vorüber, und in der Nacht erschien Gottvater wieder
und sagte: „Orion, deine Zeit ist um, heute wirst du mir in die
Ewigkeit folgen. Hast du dir deine drei Begleiter gewählt?" Der
Jäger zeigte auf die drei Tiere. Da nickte Gott zufrieden: „Der
Schützling, der Bote und der Wächter. Du hast gut gewählt. Nun
komm, ich weise dir den Weg!" Orion schmückte sich mit dem
Gürtel, ergriff seine Armbrust und sah sich noch einmal in seiner
Jägerstube um. Dann folgte er Gottvater zum Hause hinaus. Doch
als die Türe ins Schloß fiel, da kam sein kleines Hündchen
Prokyon. Mit munteren Sätzen umsprang es den Herrn. Es sah den
Schmuck des goldenen Gürtels, das Schwert auf der Schulter des
Jägers, die Armbrust mit dem herrlichen Diamanten besetzt, am
Fuß den Schmuck des glitzernden Steines Rigel, und meinte
nichts anderes, als daß es hinaus ginge zur fröhlichen Jagd. Der
Jäger blickte fragend zum Herrn der Welten hinüber. Doch der
schüttelte schweigend den Kopf, und so wandte sich Orion dem
Hündchen zu: „Es geht nicht, du mußt bleiben!" Traurig nickte er
dem Tierchen zu, klopfte ihm noch einmal das glänzende Fell,
dann wandte er sich um und folgte Gott.

Orion

Beteigeuze

Rigel

Da zog das Hündchen jämmerlich den Schwanz ein; es schlich zurück zu seiner Hütte, und noch lange hörte der Jäger sein klägliches Heulen.

Ende

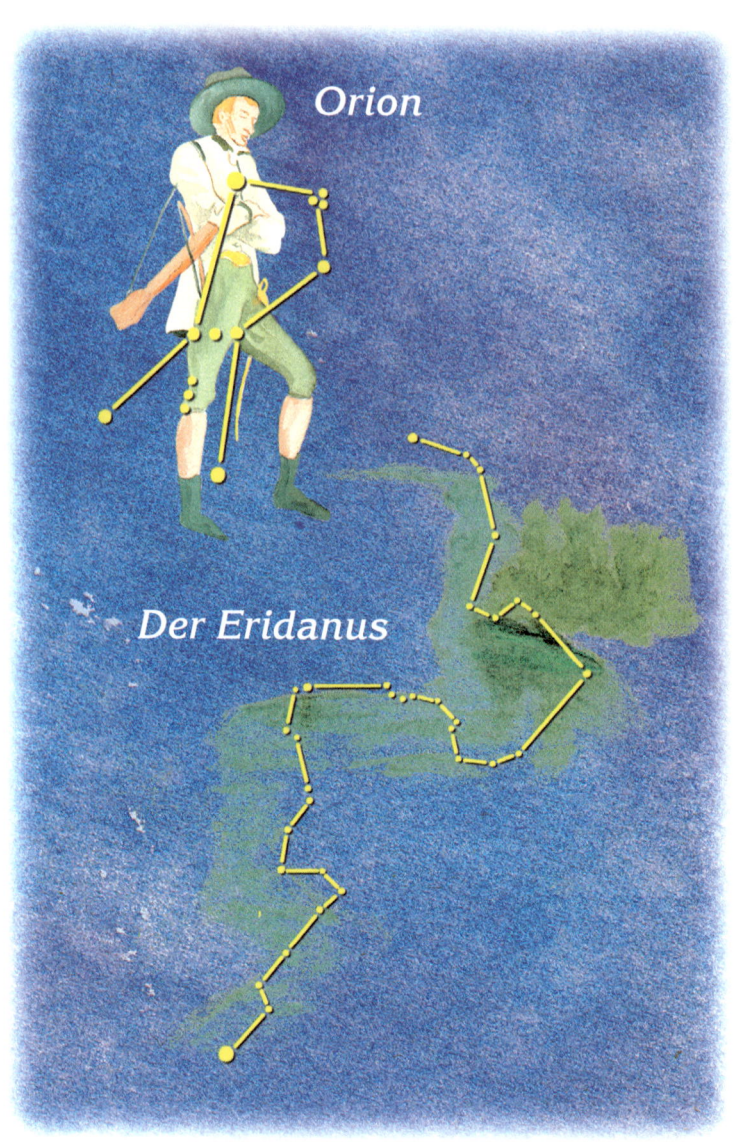

Orion

Der Eridanus

Am Rande der Welt

Als Orion sein Jägerhaus verlassen hatte, schritt er rüstig seines Weges, so wie Gott ihn führte. Die Taube flog voran, der Hase sprang um ihn herum, der treue Hund hielt sich an seiner Seite. So kamen sie an den Rand der Welt und sahen vor sich ein leuchtendes Band. "Das ist Eridanus", sagte Gott, „der Fluß, der durch das Reich der Toten fließt. Willst du zu meinem Garten, mußt du hier hinab in die Unterwelt; dann leitet dich der Eridanus auf langem Wege empor zum Himmel." Und Gott verschwand in einer Wolke. Schweigend stieg Orion mit seinen Begleitern abwärts. Sie wanderten den Fluß entlang, immer fort und fort; es wollte kein Ende nehmen. Düstere Felswände erhoben sich zu beiden Seiten, hoch und drohend, und die Fluten erfüllten das Ohr mit ewig gleichem Rauschen. Schließlich sagte Orion: „Täubchen, flieg auf und sage uns, ob du das Ende siehst." Da schwang sich das Täubchen in die Luft und flog davon. Als es wiederkam, brachte es den müden Wanderern einen blühenden Zweig mit.

Da kam neuer Mut in ihre Herzen, und es dauerte nicht lange, da leuchtete vor ihren Augen die Himmelswiese, gerade als es Abend werden wollte. „Lauf voran", sagte der Jäger zum großen Hund, „den Ort genau anzusehen, und suche einen Platz, wo wir bleiben können." Gleich am Rand der Wiese fand der Hund eine gute Stelle. Freudig bellte er auf und rief so seinen Herrn. „Recht so", lobte Orion, „hier ist es gut." Er blickte hinüber zum Fluß und sah den langen, mühevollen Weg, den sie hinter sich hatten, wie er sich wand, und wie er durch Stein und Geröll führte. - „Es ist gut, ihn vor Augen zu haben. Wir wollen niemals vergessen, wie schwer er uns war." Der Hase verbarg sich zu Orions Füßen, während die Taube fort flog zum äußersten Himmelsrand. Der Hund aber schnupperte mit seiner feinen Nase und sicherte nach allen Richtungen. Und

gerade als im Dämmerlicht Gott zum Jäger trat, knurrte Sirius zornig und gab Laut. Orion sah sich um und wollte ihn zurechtweisen, da fiel ihm der liebe Gott ins Wort: „Laß Orion! Er wittert etwas", und dabei zeigte er zum Himmelsrande hin.

Dort tauchte das Argo-Schiff auf, das schnellste Schiff, das Menschen je gebaut hatten. Es trug gewaltige Helden, die den Sonnenglanz des goldenen Vlieses erobern wollten. Schlank und leicht war es, und seine Segel fingen immer glücklichen Wind. Aber sein Bauch barg Unheil, und seine schnellen Fahrten trugen Leid unter die Menschen. Zwietracht und Verrat blieben, wo es geweilt hatte. „Dein braver Hund", sagte Gott, „er ahnt, wie bei allem Menschenwerk neben dem Segen das Unheil wohnt. Darum warnt er. Er ist ein treuer Wächter." „Sind wir hier nicht im Reich des Guten und Vollkommenen?", meinte Orion nachdenklich. „Hat hier nicht der Streit ein Ende, gibt es etwas, was nicht gut ist? Meine große Sorge war, daß mich hier der Müßiggang erwartet. Ich habe Angst vor leeren Tagen. Wenn ich nicht und niemandem wehren muß - was werde ich tun in deinem himmlischen Garten?" Da lächelte der liebe Gott: „Noch denkst du wie ein Mensch. Du hast die Enge der Erde hinter dir gelassen, Orion, und bist eingegangen in die Weite und Ewigkeit. Aber du bist der gleiche geblieben. In deinem Schutz kauert der Hase, der Hund ist dein Wächter, und die Taube holt Botschaft vom Rande der Welt, wo Zeit zu Ewigkeit zerfließt. Deine Erdentage hast du nach dem Gesetz in deiner Brust gelebt. Nun wirst du nach dem gleichen Gesetz auch auf den Wegen der Ewigkeit wandeln. "Orion war nachdenklich stehen geblieben, als Gott sich abwandte. Doch

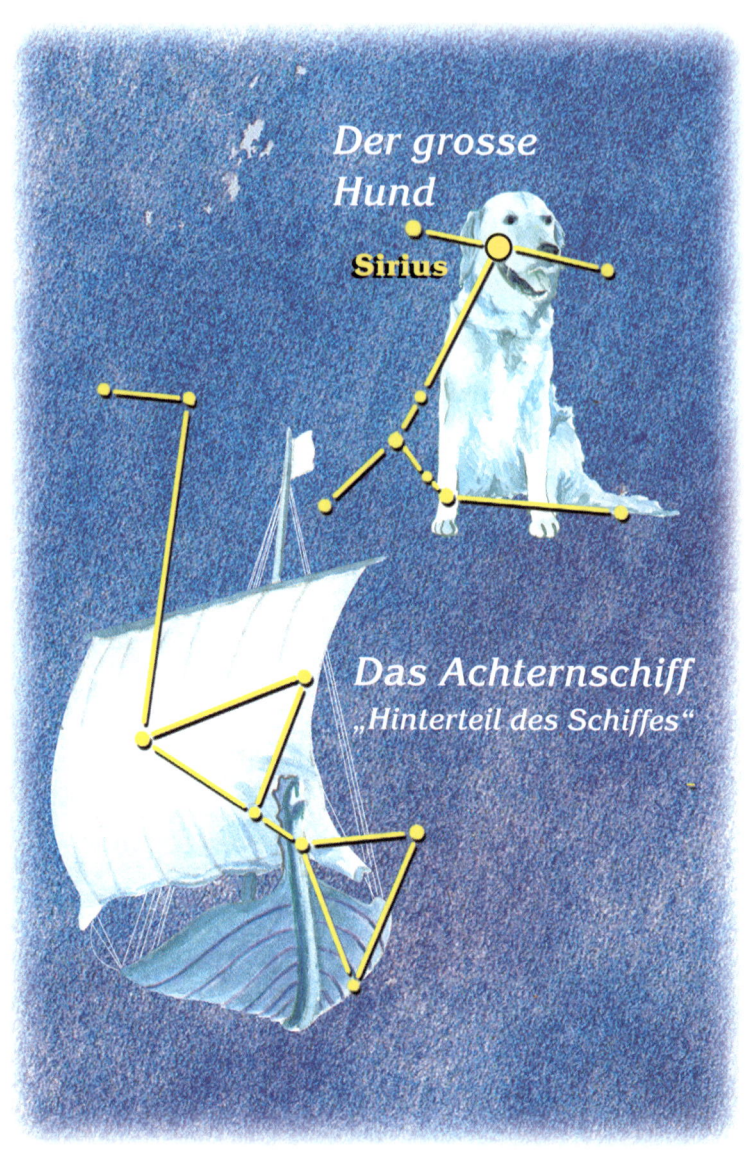

Der grosse Hund

Sirius

Das Achternschiff
„Hinterteil des Schiffes"

140

Gott sprach nochmals zu ihm: „Hier gibt es nicht Gut und Böse, aber ewiges Werden und Vergehen. Besonnene Kraft muß Ordnung halten, in Harmonie die Willkür bändigen. Auch gegen dich wird wildes Ungestüm anrennen, und du mußt es bezwingen." Damit warf Gott noch einen freundlichen Blick auf den treuen Sirius und ging davon.

Orion aber blieb allein mit seinen Gefährten in der schimmernden Nacht zurück.

Ende

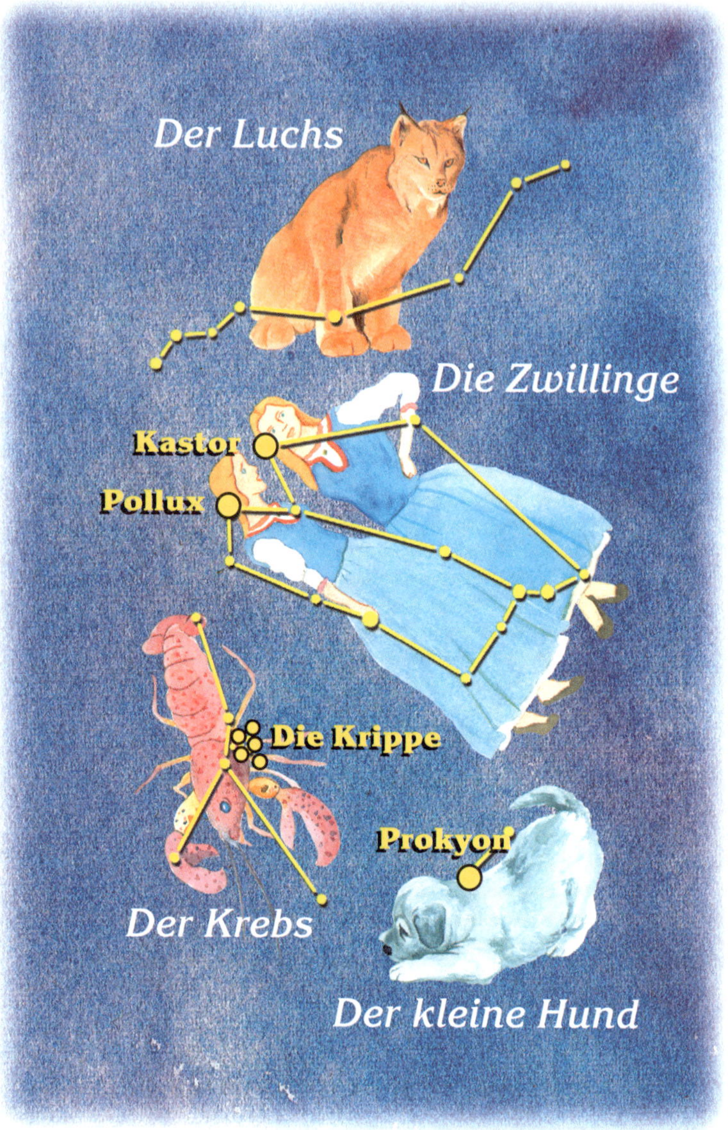

Der Luchs

Die Zwillinge

Kastor

Pollux

Die Krippe

Prokyon

Der Krebs

Der kleine Hund

142

Der kleine Hund

Einsam war das Hündchen Prokyon im Hause des Jägers zurückgeblieben. Verlassen stand es an seiner Hütte, reckte das Schnäuzchen vor und heulte, daß es einen Stein erbarmen konnte. Als aber alles nichts nützte, schwieg es, kroch in die Hütte, legte den Kopf auf die Pfoten und dachte lange nach, was wohl zu tun wäre. Denn eines wußte es: Hier würde es nicht bleiben. Es mußte in den Himmelsgarten, koste es, was es wolle!

Und so machte es sich auf und lief und lief, bis es plötzlich vor einem großen Abgrund stand und auf der anderen Seite die schöne Himmelswiese sah. Und es wußte nicht, was es weiter beginnen sollte. Und wieder fing es an, jämmerlich zu heulen und zu klagen. Drüben auf der Himmelswiese standen die Zwillinge Kastor und Pollux, die Unzertrennlichen, und rüsteten sich, durch den Himmel zu reiten. Kastor fütterte eben an der Krippe die feurigen weißen Rosse, da hörten sie das Hündchen klagen. Sie blickten sich nach allen Seiten um, konnten aber nicht entdecken, woher die Laute kamen. „Wer erfüllt die Stille des Himmels mit irdischen Klagetönen?" fragte Kastor ungehalten. Aber Pollux sagte: „Ich will sehen, ob ich dem armen Wesen helfen kann." Und er ging am Rande der Himmelswiese hin und her, zu hören, woher das Klagen käme, doch konnte er nichts finden. Kastor wurde ungeduldig: „Komm, Pollux, es wird der Wind sein, der über die Erde heult. Wir müssen noch den Himmelsbogen abreiten, ob uns ein Mensch ruft aus höchster Not. Dort müssen wir helfen. Hier ist nichts, und die Rosse sind kaum zu zügeln. Komm, sonst reite ich ohne dich!" Pollux schüttelte den Kopf: „Hier ist ein Wesen in Not, und eher soll das Unmögliche geschehen, daß Kastor auf schäumendem Rosse dahinstürme ohne seinen Zwillingsbruder, als daß ich eine Stimme einsam klagen ließe, die um Hilfe fleht." Und er sah sich im Him-

144

melsgarten um, wer ihm wohl suchen helfen könnte. Da erspähte er hoch im Geäst des Welten-
baumes, wohl verborgen, den Luchs. „Komm",
sagte er zu dem Raubtier, „du hast die besten
Augen unter den Tieren weit und breit; sieh
dich um und sage mir, woher die Stimme
kommt." Der Luchs sprang geräuschlos aus seinem Versteck und blickte suchend umher. Und als der
kleine Hund sich wieder einmal vernehmen ließ, sprang der
Luchs empor und rief: „Dort, dort steht er - es ist ein kleiner Hund,
du großer Held wirst kaum Zeit opfern für ein so winziges Tier."
Doch Pollux überlegte hin und her, wie er dem kleinen Hund
draußen am Rande der Welt beistehen könnte.

Er wollte hinübereilen, aber die Kluft war zu breit, als daß er sie
überspringen konnte. Er sah in die Tiefe, aber da war dunkler
Schlamm, und er konnte nicht hinüberschwimmen „Weit und breit
keine Brücke; die Urtiefe tut sich hier auf", dachte er traurig und
kehrte zu Kastor zurück, der noch an der Krippe stand und ungeduldig die Rosse bürstete. Da erblickte er neben sich den Krebs.
„Du sollst mein Bote sein", rief er, „du kannst zum kleinen Hund
hinüber, denn du scheust den schlammigen Grund nicht und die
steinige Erde; deine Wege gehen den Wegen aller anderen Wesen
entgegengesetzt. Darum sollst du für mich ans andere Ufer
gehen." Er nahm den Krebs und warf ihn hinab in den Urgrund,
und nun warteten die Brüder voller Ungeduld auf seine
Wiederkehr. Es vergingen viele Stunden - vielleicht waren es auch
Ewigkeiten - ehe sie den Krebs mit dem Hündchen die steile Wand
zum Himmelsgarten emporsteigen sahen. Als der kleine Hund
oben angekommen war, bellte er lustig dreimal in die Luft, und die
Brüder fragten ihn erstaunt: „Wer bist du, und warum hast du drüben so kläglich geheult und kannst nun plötzlich so lustig bellen?"
„Ja, sagte der kleine Hund, „ich wollte in den Himmelsgarten kom-

men, und nun bin ich da!" Da sahen sich die Brüder erstaunt an. „Warum wolltest du hierher? Dachtest du, hier gäbe es fettere Bissen und ein faules Leben? Hündchen, da hast du dich getäuscht. Hier ist kein Reich für kleine Genießer." Das Hündchen bellte unwillig. „Meint ihr, ich wäre darum bis ans Ende der Welt gelaufen, und ich sei darum durch den schauerlichen Grund getaucht?" Da fragten die Brüder: „Warum hast du es denn getan?"

- „Weil ich Orion nicht verlassen wollte, den Himmelsjäger, der mein Herr war", und erzählte ihnen seine Geschichte. „Ich habe ihm gedient, so lange ich denken kann; soll nun die Treue zu Ende sein und das der Lohn?" Die Brüder wußten aber auch nicht, wie sie ihm helfen sollten. „Das ist alles recht schön und gut", sagten sie, „und deine Festigkeit mag Gott wohl gefallen. Aber so einfach ist es auch nicht, wie du gedacht hast. Er allein weiß, warum er dich nicht mit Orion gehen ließ; er sieht aber jetzt, daß du, seinem Willen entgegen, in den Himmelsgarten gekommen bist." Da wurde das Hündchen ganz traurig, so daß die Brüder es trösten mußten. Sie beschlossen, ihm zu helfen. „Bleib in unserer Nähe", sagten sie, „wenn der liebe Gott kommt, werden wir sehen, was sich machen läßt."

So blieb das Hündchen da. Tag auf Tag ging hin, ohne daß es wußte, was werden sollte. Aber es war ein schlaues und zähes Tierchen und dachte: „Es wird sich schon finden!" So blieb es ganz still bei seinen neuen Freunden sitzen und wartete auf eine gute Gelegenheit. Es gefiel ihm gut hier, und auch die Brüder hatten das kleine, tapfere Kerlchen gern. Eines Tages kam der liebe Gott durch den Garten. Er sah das Hündchen bei den Zwillingen und fragte: „Nun, Prokyon, was machst du denn hier?" Da erschrak der kleine Hund. Er ließ die Ohren hängen und wußte gar nicht, wie er sich herausreden sollte. Aber der liebe Gott lächelte, denn er freute sich im stillen über ihn, daß er ganz alleine den Weg in den Himmelsgarten gefunden hatte. Er liebt im Grunde alle, die sich nicht von ihrem Ziele abbringen lassen. Das Hündchen hatte indessen Mut gefaßt und sagte: „Ich war immer hier, lieber Gott, du hast es nur nicht gemerkt; ich habe bei den Pferden geschlafen, und mir gefällt es hier sehr gut." „So, so", sprach der liebe Gott, „dein Herz ist groß, aber dein Mund ist noch größer. Es gefällt dir bei den Pferden. Zum Jäger kannst du nicht zurück. So sei es nach deinem Wort. Bleib bei deinen neuen Freunden und diene den neuen Herren, mit der gleichen Treue wie deinem Jäger." Und damit wandte er sich ab.

Der kleine Hund Prokyon aber steht seit der Zeit bei den Rossen der Zwillingsbrüder Kastor und Pollux, und sein Kopf mit der großen Schnute leuchtet viel heller am Himmel als sein kleines Hundeherz.

Ende

Perseus und Andromeda

I In einem fernen Land, weit, weit im Süden, wo es keinen Winter gibt und das ewig blaue Meer mit schaumgekrönten Wogen gegen die felsigen Ufer schlägt, lebten einst ein König und eine Königin, die hießen Kepheus und Kassiopeia. Sie hatten ein herrliches Reich, in dem die immergrünen Palmen wuchsen und süße Früchte an den Bäumen reiften und die Menschen glücklich und ohne Sorgen dahinlebten. Aber das allerschönste in ihrem Reich war Andromeda, ihre liebliche Tochter. Wie eine kostbare Blume wuchs Andromeda hinter den marmornen Mauern des königlichen Gartens auf. Wenn sie sich im Brunnen spiegelte, jubelten die Vögel im Gesträuch und schlugen mit ihren bunten Flügeln. Braune Mädchen kämmten ihr leuchtendes Haar und strichen die Füße mit kostbaren, duftenden Narden.

Unten im Meer, wo an der Klippe das Wasser in reißenden Strudeln tanzte, hauste in dunkler Tiefe das schreckliche Meerungeheuer. Meist schlief es in seinem dunklen Loch zwischen Seetang und Gestein; dann war das Meer blau und lieblich wie zartes Glas und kräuselte sich in lustigen Wellen. Doch wenn sich das Untier im Schlaf auf die andere Seite wälzte, sprühten die Wellen haushoch an den Steinen empor, und schwere Wetterwolken hingen über Land und Meer. Einst kam Nereus, der Herrscher des ewigen Meeres, auf seinem glitzernden Muschelwagen über die blauen Fluten dahergezogen. Meermädchen mit wallendem Haar und

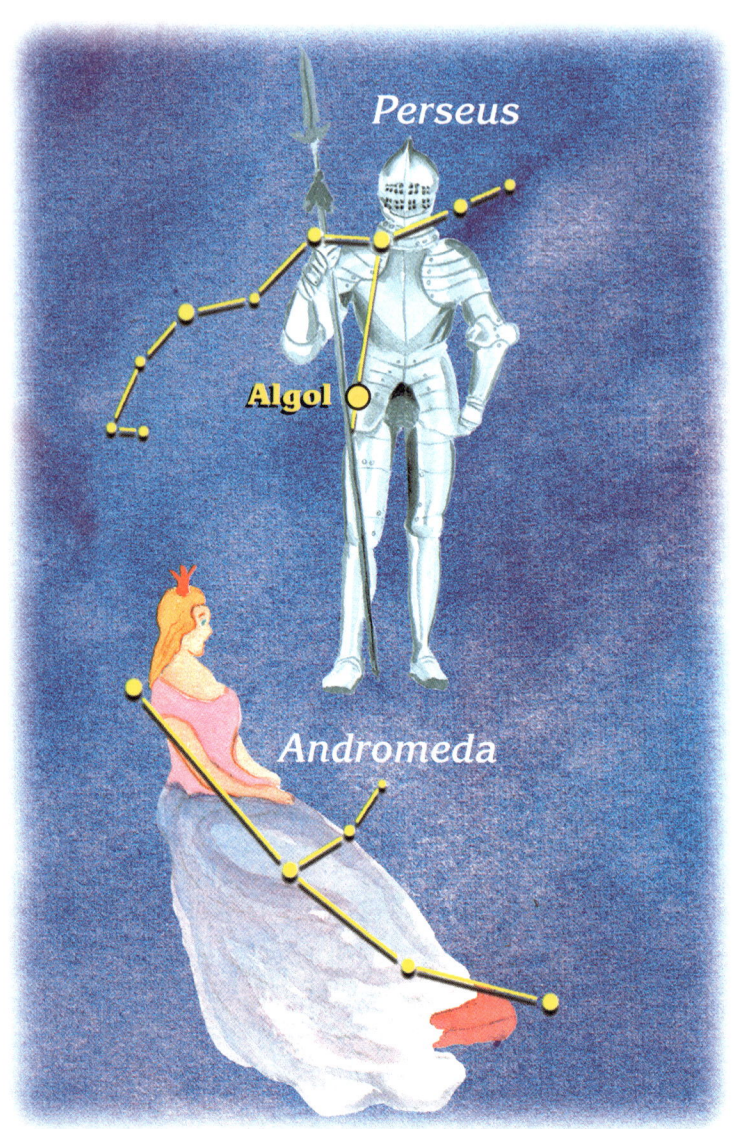

Perseus

Algol

Andromeda

blutroten Korallenketten waren sein fröhliches Gefolge. Schuppenbedeckte Tritonen bliesen auf zartfarbenen Muschelhörnern. In der felsigen Grotte des palmengrünen Gestades badete Andromeda, und die braunen Sklavinnen spielten und scherzten um sie. Und Kassiopeia, die Königin, lag auf einer Ruhestatt aus rotem Samt am Ufer und freute sich des lieblichen Bildes.

Auch die Augen des Herrschers der Meere ruhten voll Wohlgefallen auf den schönen Gestalten. „Deine Tochter ist lieblich wie eine Welle im Abendleuchten. Gib sie mir mit in mein unendliches Reich. Sie soll mit den schönsten Nymphen immer um mich sein, und ich will ihre Tage erfüllen mit der Glückseligkeit der Unsterblichen," so sprach er zur Königin. Aber Kassiopeia, die Königin, zog ihre Brauen in stolzem Unmut hoch: „Oh, Herrscher des Meeres, glaubst du, die Schönste aller Sterblichen wäre dazu gut, in deinem Gefolge zu dienen. All deine Nymphen sind es nicht wert, ihr die Schuhriemen zu lösen, so schön ist Andromeda. Und du willst sie so erniedrigen?" Das erzürnte Nereus, den Herrscher der Meere: „Dünkt dir deine Tochter, oh Königin, zu edel, den Unsterblichen zu dienen, so wird sie dem Untier der Tiefe zur Beute. Ehe das Jahr sich rundet, werden sich Not und Leid von den Wogen des Meeres über dein Land ergießen. Und keine Rettung wird es geben, als dem Meeresungeheuer Andromeda, die Schöne, preiszugeben und zu opfern."

Nun lagen Trauer und Angst wie ein schwarzer Schleier über dem sonnengoldenen Lande. Die stolze Königin weinte bittere Tränen. Mit tausendfältigen Gaben suchte sie den Zorn des Nereus zu besänftigen. Es war vergebens. Als die Zeit um war, stürzten die Wogen über das Land, und das Meeresungeheuer forderte sein Opfer. Da flehte Kassiopeia die tapferen Helden des Landes an, ihre Tochter zu retten, doch sie wandten sich alle ab. Sie kannten die Macht des unbezwingbaren Ungeheuers. Auch der Oheim der

152

Königstochter, der sich schon seit langem um ihre Hand bewarb und gern König des glücklichen Landes geworden wäre, fand weder Rat, noch ein tröstendes Wort. Er wandte sich ab und zog von dannen.

So ward Andromeda, die Liebliche, in goldenen Ketten an den Felsen geschmiedet, dem wilden Meeresungeheuer zum Opfer dargebracht. Von allen Menschen verlassen, stand sie auf der einsamen Felsenklippe inmitten des brandenden Meeres. Die Ketten gruben sich in ihre zarten Arme, der Sturm riß wild an ihrem leuchtenden Haar. Aber keine Klage kam über ihre Lippen, auch wenn ihr Herz ganz ohne Hoffnung war. Himmel und Meer verschwammen vor den glitzernden Tränen ihrer Augen. In demütiger Ergebenheit senkte sie das Haupt und erwartete das bittere Ende.

Da erkannte der Herr der Geschicke vom hohen Himmelsthron ihr tapferes Herz, und sie dauerte ihn. Er sah Perseus, den edlen Helden, an dessen Taten selbst die Unsterblichen ihre Freude hatten, zu neuen Abenteuern ziehen. Leichte Flügelschuhe trugen ihn über das weite Meer, die Hand hielt verhüllt seine letzte Beute, das furchtbare, schlangenumzüngelte Medusenhaupt, bei dessen Anblick alles zu Stein erstarrte. Und der Herr der Geschicke sandte den schnellen Südwind aus, daß der den Helden Perseus zu der qualvoll leidenden Andromeda hinführe.

Als der Abend sank, begann es wild und unheilvoll in den schwarzen Wellen des Meeres zu brodeln. Andromeda schrak empor. Ein grausiger Kopf mit roter, gifttriefender Zunge und stieren Augen erhob sich aus den Fluten. In stummer Verzweiflung sandte die Jungfrau ihren Blick empor zum ewigen Himmel. Da sah sie plötzlich den leuchtenden Helden mit seinem Flammenschwert herniederschweben. Mit einem Schlage spaltete er den Kopf des Ungeheuers der schwarzen Tiefe, daß das Meer sich rot vom Blute färbte und das Untier wieder ins Dunkel versank. Dann befreite er Andromeda, die Angekettete, und führte sie heim zu ihren Eltern.

Freude herrschte wieder im Lande. Andromeda aber wurde die Gemahlin des edlen Perseus, und er wurde König über das Land. Aber nicht lange dauerte das Glück des jungen Königspaares. Von Mund zu Munde, von Gestade zu Gestade rief man sich zu, daß die Sonne wieder über dem glücklichen Lande lache. Und auch der falsche, feige Oheim hörte davon. Eilends kehrte er zurück und trat vor Kepheus, den alten König. „Mein ist Andromeda. Längst schon war mir ihre Hand versprochen. Nie werde ich dem Fremdling das Recht auf den Thron einräumen." Mit Zorn und Rachegelüsten stürzte er sich auf Perseus, der aber erwehrte sich mit seinem blitzenden Schwert des Neidlings und schlug ihn zu Boden. Doch die wilden Gesellen des Oheims drangen nun auf ihn ein, um ihn zu vernichten. Da kam der Zorn auch über Perseus. Seine Augen sprühten Blitze. Er zog das Haupt der Medusa hervor und hielt das schlangenumzüngelte Grauen unverhüllt den Blicken der Feinde und Neider entgegen. Da erstarrten sie in Entsetzen. Die Schwerter entsanken ihren Armen und sie wurden zu Stein. Perseus ward Sieger über alle bösen Mächte und herrschte voll Weisheit und Güte lange Jahre über das glückliche Land und mit ihm Andromeda, seine liebliche Gemahlin. Das Haupt der Gorgone aber weihte der Held den Unsterblichen, auf daß nie unreine Hände in falschem Streben seine lähmende Macht mißbrauchen sollten.

Als nach langen, glücklichen Friedensjahren der Herr der Geschicke Perseus und Andromeda in ein lichteres Dasein führte, gab er ihnen den schönsten Platz in seinem Himmelsgarten. Dort findest du sie. Zur Erinnerung an den Kampf mit der Meduse, an ihr Haupt, das alles zu Stein erstarren ließ, das er den Unsterblichen weihte, schenkten ihm diese Algol, den Teufelsstern, dessen unheimliches Licht sich in fünf Tagen zweimal verändert. Ob es das schreckliche Auge der Meduse ist, das keine Ruhe findet?

Ende

155

Der Fuhrmann

Kapella

Aldebaran

Der Stier

156

Der Stier

Tief unter der Erde lebte vor Zeiten in einem festen Verlies, am Ende einer dunklen Felsenhöhle, ein mächtiger Stier. Er hatte stählerne Füße, und wenn er atmete, schlugen Flammen aus seinen Nüstern. Doch das Schrecklichste waren seine Augen. Wie das Gift der Nattern brannte es jeden, der es wagte, ihn anzusehen und es gab keinen, der ihm standhalten konnte. Wo die Höhle ins Tageslicht mündete, wohnte in einer kleinen Lehmhütte ein Fuhrmann. Nicht Baum noch Strauch gab es im Steingeröll des Felsenberges, der die Höhle umgab, und niemand wagte sich hierher, aus Furcht vor dem Stier Aldebaran mit dem roten, funkelnden Auge. Nur der Fuhrmann fürchtete ihn nicht. Wenn das schlafende Erdreich zu neuem Wachsen gepflügt werden mußte, holte er den Stier aus seinem Verlies und spannte ihn ins Joch. Mit mächtiger Faust hielt er ihn an seinen langen Hörnern fest, daß er seinen Willen tun und mit aller Kraft für ihn schaffen mußte.

Trotz der mächtigen Hand hatte der Fuhrmann ein weiches Herz, und das Liebste auf der ganzen Welt war ihm ein kleines Ziegenböcklein, das er Kapella nannte. Es lebte in einem Ställchen neben der Hütte, und täglich holte ihm der Fuhrmann schönes, frisches Futter von der Wiese. Aber das Böcklein saß nur ungern im Ställchen, wenn der Fuhrmann bei der Arbeit war. Dann schmeckten ihm die feinsten Gräser nicht, und es begann zu meckern, so kläglich, daß der Fuhrmann vor lauter Mitleid die Tür öffnete. Nun war das Böcklein froh und hüpfte lustig über Stock und Stein. „Sei brav und lauf nicht fort!" mahnte der Fuhrmann. Und das Böcklein Kapella antwortete mit fröhlichem Meckern. Doch eines Tages, als der Fuhrmann mit dem Stier am anderen Ende des Felsens beim Pflügen war, da hatte das Böcklein die Mahnung vergessen. Hinter dem Berge, im schattigen Tal, schimmerte es grün und saftig. Das

lockte gar zu sehr, und ohne lange zu überlegen, ging's über Steine und Gräben, über Wiesen und Hecken, und als der Fuhrmann zurückkehrte, war das Böcklein fort und verschwunden.

Da hielt es den Fuhrmann nicht bei der Arbeit. Er eilte, sein Böcklein zu suchen. Er rief und lockte und fragte überall, ob nicht jemand das Böcklein Kapella gesehen hätte. Und wie es immer ist - er fand schließlich den Ausreißer an einem Wiesenrand vergnüglich grasen. Da wischte er sich mit einem großen Seufzer den Schweiß von der Stirn; er war froh, daß er das Böcklein wieder hatte und vergaß darüber das Schelten. Er streichelte es, und das Böcklein meckerte vor Vergnügen und war gar nicht reumütig. Der Fuhrmann hob es auf seine breiten Schultern und trug es glücklich heim.

Unterdessen aber hatte Aldebaran, der rote, wilde Stier, sich losgerissen. Er spürte die feste Faust des Fuhrmanns nicht, und seine Tücke erwachte. Wie dünne Bänder fielen die eisernen Fesseln von seinen Gliedern, und seine Hufe wühlten im Steingeröll, daß der Berg in seinem Grunde bebte. Der Stier stürmte davon. Seine Hörner rissen die Bäume aus dem Erdreich, und bis in die Wolken stieg sein glühender Atem. In mächtigen Sprüngen flog er den Felsenberg hinauf, bis seine Hufe den Himmel erreichten. Auch hier wütete er. Die Milchstraße erdröhnte unter seinen Hufen, seine Hörner zerstörten alle schöne Ordnung. Die kleinen Sterne sprangen angstvoll zur Seite, und Sternschnuppen fielen wie Flocken vom Himmel. So stürmte der Stier dahin, bis er plötzlich vor dem Himmelsjäger stand. Da stutzte er. Wer wagte es, ihm entgegenzutreten? In heißem Zorn erglühte sein Auge und funkelte rot und böse den Gegner an. Aber der Himmelsjäger hatte sein goldenes Schwert gezogen, und seinen Hieben mußte der Stier Aldebaran weichen. Immer wieder stürmte er auf den Jäger zu und wollte ihn zerschmettern. Doch vor dem Glanze des Schwertes versagte seine Kraft. Das Tier erlahmte und sank zu Boden. Nun kam auch der Fuhrmann herangeeilt. Er faßte den wilden Stier und spannte ihn wieder ins Joch. Dann führte er ihn heimwärts zu der Hütte am Bergesrand. Das Böcklein kam in sein Ställchen und der Stier ins steinerne Verlies, tief am Ende der dunklen Bergeshöhle. Lange hörte der Fuhrmann ihn poltern und brüllen, wie ein dumpfes Grollen hallte es aus den Bergen wider. Die Menschen auf der Erde aber hatten sich gefürchtet, als sie den Kampf hörten, der Himmel und Erde zu vernichten drohte, und sie dankten nun dem Jäger, als es schließlich vorüber war.

Am Sternhimmel sehen wir noch heute, wie der tüchtige Fuhrmann den wilden Stier bei den Hörnern packt, um ihn zu bändigen.

Ende

Der Nordstern

Es war einmal ein junges
Mädchen, das war so licht
und schön, daß alle es liebten und bewunderten. Ihre Augen
waren wie ein heller Spiegel, aus
dem das Gute der Welt leuchtete,
und ihre Haare flossen lang und
weich um ihre Schultern. Weit hinter
den Bergen, in einem tiefen, grünen
Wald stand das Häuschen, in dem sie auf-
wuchs, von der Mutter liebevoll umhegt. Wenn es Abend war, und
sie beieinander saßen, dann sangen sie leise, und jeder, der vorü-
berkam, müde von der Tagesarbeit, verharrte und lauschte auf das
alte Lied vom Glück und von dem Stern, der über jedem Leben
leuchtet. Die Mutter hatte dieses Lied schon an der Wiege gesungen, und sie liebte es mehr als jedes andere.

Eines Tages aber starb die Mutter, und nun hatte das Mädchen
keinen Menschen weit und breit, den es recht von Herzen lieb
haben konnte. Nur das Lied war ihr geblieben und die Sehnsucht
nach dem fernen Stern. Schließlich konnte sie die Einsamkeit
nicht mehr ertragen und zog hinaus in die Welt, den Stern zu
suchen. Sie irrte weit umher, aber nirgends fand sie, was sie suchte. Mancher, der ihr auf dem langen Weg begegnete, sah ihre
Schönheit. Er reichte ihr die Hand und bat sie, bei ihm zu bleiben.
Doch sie schüttelte nur lächelnd den Kopf, und ihre Augen blickten in die Ferne.

So kam sie eines Tages in ein Land, wie sie es noch nie gesehen
hatte. Alles leuchtete hell von Reichtum und Fruchtbarkeit. Auf
allen Wegen sah sie lachende, fröhliche Menschen. Und schließlich

Der kleine Wagen

Der Polarstern
„Nordstern"

Der grosse Wagen

Alkor

Mizar

162

kam ihr der König in goldglänzenden Kleidern entgegen und sagte: „Ich bin der König der Sonne, und dies ist mein Reich. Komm zu mir und werde meine Gemahlin." Ihre Augen betrachteten das Glück und die Fülle, aber sie schüttelte den Kopf und ging weiter ihres Weges. Als sie eine Weile gegangen war, kam sie in ein neues Reich. Da waren alle Dinge so zart wie ein Traum, die schlanken weißen Lilien in den schimmernden Gärten, die leise Musik, die über glitzerndem Wasser klang; sie sah Menschen, die mit stillem Lächeln, Hand in Hand, durch die Dämmerung schritten. Da erfüllte sich ihr Herz mit weicher Sehnsucht, und ihr war, als träume sie einen schönen Traum. So kam sie bis zum Schloß, und ein Prinz in silbernem Gewand trat ihr entgegen und sagte: „Schöne Jungfrau, ich bin der Prinz vom Mond. Willst du nicht in meinem Reich bleiben und meine Gemahlin werden?" Das Mädchen lauschte auf die zarte Musik, die ihr entgegenklang und verharrte einen Augenblick. Doch dann schüttelte sie den Kopf und ging ihres Weges.

Sie wanderte weiter, tagaus, tagein, und schließlich war ihr, als sei sie am Ende der Welt. Die Stille der Ewigkeit umfing sie. Die Sterne schwangen im Kreise um sie, und ihre Augen verloren sich bang in der Unendlichkeit. Nur einen Stern sah sie vor sich. Treu und stetig strahlte er in ruhigem Glanz ihr entgegen, während seine Gefährten um ihn in leuchtenden Bahnen schwebten. Es war der Nordstern. Als sie näher kam, erkannte sie, daß es kein Stern war, sondern ein Jüngling. Er trug ein schlichtes Gewand, und weder glanzvoller Reichtum, noch die Träume unstillbarer Sehnsucht waren um ihn. Sie sah in seine Augen, die waren klar wie ein Felsenquell und ernst, als hätten sie die Geheimnisse der Ewigkeit erkannt. Er streckte ihr die Hand entgegen und sagte mit leiser Stimme: "Ich kenne dein Suchen auf Erden von Anbeginn. Nun hat dich deine Seele zur Heimat geführt." Da überkam sie eine große Freude. Sie lehnte den Kopf an seine Schulter und blickte

164

zurück. Es war ein langer Weg, der bis in die traumferne Kindheit ging. Und ein vertrautes Singen erklang, das Lied vom Stern, das einst ihre Mutter an der Wiege gesungen hatte. Erst jetzt erkannte sie den Sinn ihres heimlichen Sehnens und ihrer langen Erdenwege. Sie faltete ihre Hände und sagte: „Ich bin heimgekehrt und will dich nie mehr verlassen."

Der Nordstern blickte ihr ernst in die Augen und sagte: „Wenn du bei mir bleiben willst, mußt du das Erdenkleid abstreifen, und in ein neues Leben eingehen." Da nickte sie voller Freude, und alle Schwere fiel von ihr ab. So ward sie ein lichter Stern unter den stillen Gefährten.

Ende

Der Weihnachtsstern

Wie jedes Jahr, wenn die langen Nächte beginnen, wanderte die Jungfrau Maria durch die stille, schneebedeckte Welt. Ihr Mantel war wie der sammetblaue Nachthimmel, in der Hand trug sie einen goldenen Stern, der leuchtete ihr auf den dunklen Wegen. Sie wanderte durch die abendlichen Straßen und schaute in jedes Haus. Da sah sie den Vater, der heimlich ein Pferdchen für seinen Buben schnitzte, dort war die Mutter, die ein Puppenkleidchen nähte. Das kleine Lockenköpfchen im Bett träumte vom Weihnachtsmann, und die großen Geschwister saßen schweigend unter dem Adventskranz. Jedes von ihnen hatte dabei seine Heimlichkeit und freute sich auf das Fest. Oben in der Dachstube hatte die alte Frau auf einem Tannenzweig ein Erinnerungslicht angesteckt. Lächelnd blickte sie in den Kerzenschein.

Maria wandte sich ab von den leuchtenden Fenstern und faltete ihre Hände in Glück und Dankbarkeit. Er war nicht umsonst gestorben. Überall war ein heller Schein in den Herzen der Menschen zurück geblieben, und sie trugen in sich sein Gebot von der großen, unendlichen Liebe. „Frieden auf Erden" sangen die Glocken, und die Welt war erfüllt von stiller, heimlicher Freude. „Wie schön ist das Leben geworden", dachte Maria und trat zum schneebedeckten Apfelbaum. Eine Bank stand darunter, und Maria setzte sich hin, um auszuruhen.

Sie saß da und blickte in den Sternenhimmel, in die endlose Ferne. Während sie so saß, raschelte es im Gebüsch. Es war ein

Orion

Der grosse
Hund

Sirius

Hund, ein großer, struppiger Hund. Er schnupperte scheu, aber dann zog er mit jämmerlichem Winseln den Schwanz ein und begann davonzulaufen, indem er sich ängstlich umschaute. „Warum läufst du fort?", fragte Maria und sprach ihm freundlich zu. „Komm, fürchte dich nicht. Warum bist du so spät noch auf der Straße? Erzähl es mir. Hast du keinen warmen Stall, keine Ecke am Ofen?" Zögernd kam der Hund wieder zu ihr heran. Dann setzte er sich zu ihren Füßen. Als sie ihn zu streicheln begann, legte er seinen Kopf zutraulich auf ihr Knie und tat einen tiefen, schweren Seufzer. „Was hast du denn?", fragte Maria freundlich. „Erzähle mir dein Leid." „Hunger", winselte er leise. Dann hob er seine dicke Pfote mit den abgefrorenen Ballen. „Kälte", winselte er nochmals. „Wer sorgt denn für dich?", fragte Maria erschrocken. „Niemand", sagte er leise. „Herrchen ist tot, nun jagen mich alle weg!" Maria schwieg. „Niemand?" fragte sie schließlich ratlos. „Bist du das einzige Wesen, für das es keine Weihnachten gibt?" Der Hund schüttelte den Kopf. „Für uns Tiere gibt es keine Weihnacht. Wer denkt an uns. Die Menschen denken nur an sich selbst. Nützen wir ihnen, dann geht es uns noch erträglich, sonst geben sie uns den Kindern zum Spielen oder sie scheuchen uns fort." „Geht es denn noch anderen Tieren so schlecht?", fragte Maria voller Unruhe.

Wieder seufzte der große Hund. „Frage die Kuh im Stall. Seit sie lebt, hat sie kein Sonnenlicht gesehen. Die Weide ist weit, und zum Ziehen ist sie zu schwach. Nun ist sie krank und gibt schlechte Milch. Der Bauer schimpft und flucht, statt sie auf die Weide zu lassen. Sieh dort die Entchen. Sie liefen den ganzen Tag schreiend umher, aber niemand fand Zeit, ihnen ein Tröpfchen Wasser zu geben. Und Schnee können die Tiere nicht trinken. Frage den Hahn im Stall. Gestern hat ihm die Bäuerin die Füße gebunden und ihn so hängend zum Markt getragen und dann wieder zurück, weil keiner ihn kaufte. Was fragt sie nach seinen Schmerzen? Ihr Herz blieb hart und kalt. Und dort - das Nestchen auf dem Baum.

170

Wie oft hat sich die Katze von dort ein Vögelchen geholt, aber der Bauer nimmt den Kasten nicht ab, noch schützt er ihn. Sieh die alte Blechschachtel auf dem Müll. Sie ist voll von toten Käfern. Die Kinder haben sie gesammelt und dann elend ersticken, verhungern lassen. Erst hat ihnen das Sammeln Spaß gemacht, dann haben sie alles über anderen Spielen vergessen. Ich habe alles ansehen müssen. Wie könnte ich helfen?" Maria schwieg erschüttert. „Und die Meisen", fuhr der Hund fort. „Der Schnee liegt hoch, daß sie selbst kein Futter finden können. Aber wer gibt ihnen etwas, hilft ihnen über den bitteren Winter hinweg, obwohl sie im Frühling die Schädlinge vernichten, ihr Teil für gute Ernte beitragen. - Denkt wirklich jeder auch an die Tiere?" - Traurig sank sein Kopf hinab. „Heute sind wir ihnen recht, morgen stoßen sie uns auf die Straße, ins Elend." Da wußte auch Maria keine Antwort. Alle Freude über die Harmonie des herrlichen Winterfestes war in ihr erloschen.

Eine Träne fiel auf den Stern in ihrer Hand, daß er fast erlosch. „Ist mein Sohn nicht auch für euch gestorben?" fragte sie schließlich verzweifelt. „Hat er nicht mit der gleichen Liebe von den Lilien auf dem Felde und den Vöglein unter dem Himmel gesprochen, daß die Menschen euch vergessen dürfen? Nein, alle Kreatur ist eingeschlossen in die Liebe Gottes. Wer nicht Tier und Baum und das kleinste Gräschen liebt wie sein eigen Kind, der ist nicht wert des Gottesreiches, auch wenn er noch so brav zur Kirche geht." Da legte der Hund abermals seinen Kopf auf Marias Schoß und leck-

171

172

te dankbar ihre Hand. Als sie sich schließlich erhob, um fortzugehen, senkte er traurig den Kopf. Aber Maria streichelte nochmals sein rauhes Fell. Da wurde es weich und glatt. „Komm", sagte sie und sah ihn freundlich an. „Ich nehme dich mit in den Himmel."

Und der große Hund folgte ungläubig ihren Schritten. „Sieh", sagte sie im Weitergehen, „wenn es Winter wird, wenn für die ganze hilflose Natur die Zeit der schweren Sorge und Not beginnt, sollst du am Himmel stehen und den Weihnachtsstern auf den Schultern tragen. Vielleicht werden dann die Menschen beim Anblick des heiligen Sternes nicht nur an ihre Welt des Glückes und der Freuden denken, sondern sich auch an ihre von Gott aufgegebene Pflicht erinnern, in jedem Tier, in jeder Blume, in allem, was lebt und leidet, ihren eigenen Bruder, ihr Kind, ihren Vater, ihren Nächsten zu sehen, für den sie sorgen, dem sie all ihre Liebe schenken müssen."

So steigt in jedem Jahr in den Nächten der Weihnachtszeit der GROSSE HUND am Himmel empor und trägt auf seinem Rücken SIRIUS, den schönsten und größten aller Sterne, den Weihnachtsstern.

Ende

DER DREIZEHNTE MONAT
&
DAS SONNENSYSTEM

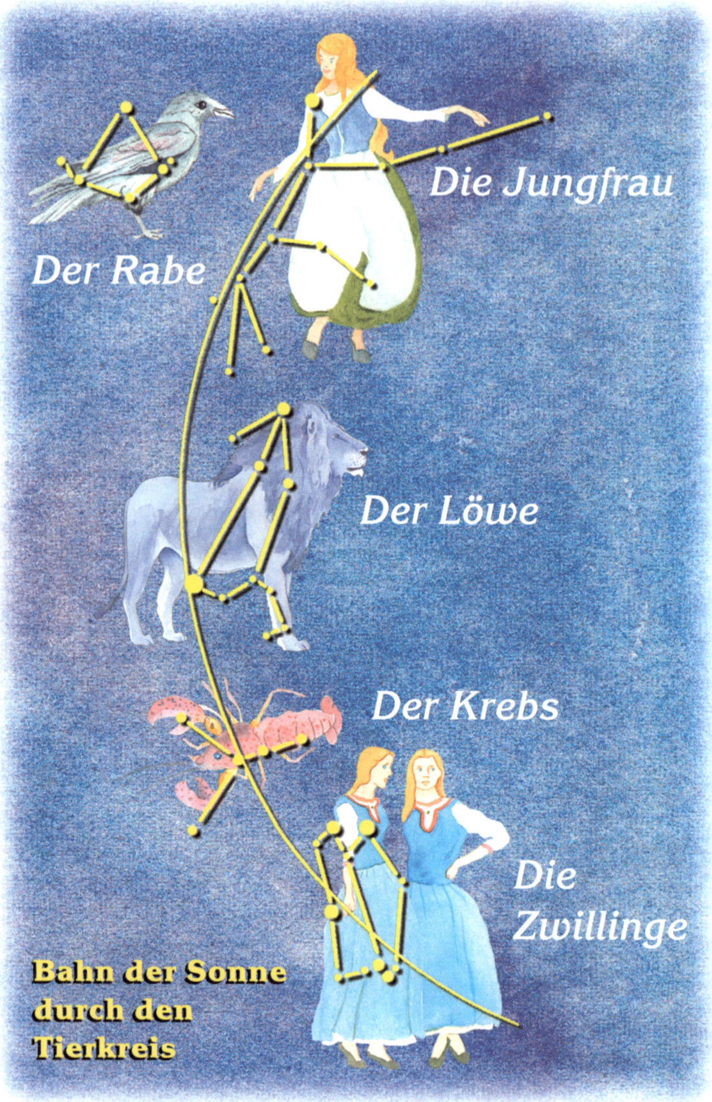

Der Rabe

Die Jungfrau

Der Löwe

Der Krebs

Die Zwillinge

Bahn der Sonne durch den Tierkreis

Der Unglücksrabe

Es war zu der Zeit, als Gott den Jahreslauf wohlgeordnet und eingeteilt hatte. Die Sonne zog hoch über das Himmelszelt. Das Leben auf der Erde wuchs, blühte, trug Frucht, verging und keimte von neuem in unerschöpflichem Wandel. Die Menschen blickten hinauf zum Himmel. Zwölf Wechsel des Mondes zählten sie für jeden Kreislauf, und bei jedem Wechsel rückte die Sonne in ein anderes Bild unter den Sternen, und jedesmal zeigte auch die Erde ein anderes Gesicht. Die Menschen freuten sich dessen, und so ist es bis auf den heutigen Tag.

Wenn die Natur ihren Winterschlaf hinter sich hat, und der letzte Schnee zum munteren Bach geworden ist, scheint die Sonne auf das goldene Fell des WIDDERS, daß er seinen Kopf mit den geschwungenen Hörnern zu heben beginnt und schnuppernd nach dem ersten Grün ausschaut. Ruhiger wird das stürmische Blut in den lieblichen Maientagen. Mutter Sonne neigt sich den ZWILLINGEN zu. Kastor, der in strahlender Schönheit frohgemut durch den Tag schreitet, und Pollux, der sinnend die ferne Ewigkeit zu ergründen sucht.

Dann kommen die geheimnisvollen Tage der Wende allen Lichtes und Lebens. Die Sonne verweilt bei dem sonderbaren Tier der Tiefe, dem KREBS. Er ist so anders als alle Tiere, ist fern aller sonnigen Freude. Panzergeschützt und in sich verschlossen geht er seinen eigenen Weg durch die Welt. Wenn die Früchte des Bodens ihrer letzten, stillen Reife entgegengehen, kommt Ruhe über das drängende Leben der Erde. Die Sonne umspielt mit ihren Strahlen das Sternbild der JUNGFRAU. Klar werden die duftschweren Nächte, und ein stilles Sinnen liegt über dem Land. Zwischen den Bäumen spannen sich die zarten, tauglitzernden Sommerfäden,

Bahn der Sonne durch den Tierkreis

Der Steinbock

Der Schütze

Der Skorpion

Die Waage

und das erste Herbstgold schimmert aus dem satten, schweren Grün. Leicht klingt der Sommer noch im bunten, wirbelnden Blätterreigen nach, aber dahinter ballen sich die herbstlichen Wolkenberge, die den Winter im Gefolge haben. Die Sonne hat zur WAAGE gegriffen und läßt das Zünglein spielen: Leben und Tod - auf und ab - Licht und Dunkel. Und die Finsternis siegt. Der schleichende SKORPION streckt seinen Stachel nach dem goldenen Himmelsgestirn aus. Lähmung ergreift alles Leben. Stille senkt sich auf die Welt. Dann stürmt der SCHÜTZE über die kahlen Felder. In den einsamen Herbststürmen erklingt sein lautes Halali. Die Sonne hat sich in graue Wolkenschleier gehüllt und weint dem holden Sommer nach.

Oben, auf steiler, einsamer Höhe, steht der STEINBOCK. Unter ihm liegt die Welt, nach Glück und Leid, in erholsamen Winterschlaf versunken. Aber die warmen Sonnenstrahlen küssen den Schnee, und aus der Starre des Schlafes löst sich der erste lebendige Tropfen.

Die neue Wende ist da. Tief ins Reich des WASSERMANNS, wo die Urgebilde des Lebens im Dunkel der Welten schlummern, gleitet der lebensweckende Sonnenstrahl. Unmerklich beginnt die Auferstehung des neuen Jahres. Lange wallt und braut es unsichtbar in den Tiefen, dann öffnet sich das Wunder des Lebens neu dem Licht. Aber noch ist das Leben gebannt in Eis und Schnee, und die Sonne schickt ihre Strahlen zu den FISCHEN, die wie stille Schatten in der Zauberwelt dahingleiten. Ihr Kleid ist von Silber und kein Tropfen roten Blutes kreist in ihren Adern.

Wenn dann der Kreislauf sich rundet, bricht das neue Werden des Jahres mit Macht hervor und die Menschen erleben an sich den herrlichen Wellenschlag des Jahres in Lust und Leid.

179

Bahn der Sonne durch den Tierkreis

Der Stier

Der Widder

Die Fische

Der Wassermann

180

Doch wie ist es nun mit dem Raben, den man gern den Unglücksraben nennt? Oben am Sternenzelt steht er abseits vom kreisen-
den Ring der Sonnenbilder, einsam und verbittert. Und das hat
seine besondere Bewandtnis: Die Sonne war viele Male, Jahr um
Jahr um den Himmel gekreist, da merkten die Menschen, daß die
Jahreszeiten unvorhersehbar wurden. In den langen Tagen des
Sommers gab es rechtes Aprilwetter mit übermütigem Wind und
Regen, und als die Menschen klirrenden Frost erwarteten, spielte
die Sonne im goldenen Herbstlaub des Waldes. Da gingen sie zu
einem weisen Mann, der weitab von allen Menschen einsam hauste, und fragten ihn um Rat. „Ihr seht das Leben zu einfach", sagte
der Alte. „Ginge auf Erden alles nach der himmlischen Ordnung,
da brauchte niemand die Tugend zu üben und das Böse zu
bekämpfen. Merket euch aber - es ist ein Gesetz alles Irdischen, wo
immer die heilige Zwölf besteht, kommt auch die Dreizehn, um die
Eintracht zu stören. Vielleicht ist das Böse da, damit wir Gott erst
recht erkennen, so wie wir das Licht erst lieben, wenn es dunkel ist.
Vielleicht ist es der Schmerz, durch den unser Leben den rechten
Ansporn erhält." „Ja, das mag schon sein", sagten sie, "aber was
sollen wir nun tun?" „Nehmt den unglücklichen, den dreizehnten
Monat auf in euren heiligen Kreis", sagte der weise Mann. Und die
Menschen merkten, daß der Rat gut war.

So wurden sie wieder fröhlich und achteten auf ihrem Heimweg
wieder auf den Gesang der Vögel in den Zweigen, sie lauschten auf
das Rauschen des kleinen Baches, das ihren Weg begleitete, und
sahen wieder das Spiel des Windes in den Blättern. Da erklang
plötzlich über ihren Häuptern das verdrießliche Krächzen des
Raben. „Kräh - kräh - kräh!" schrie er und störte die stille Eintracht
und den schönen Frieden, der sie erfüllte. „Das wäre der rechte
Vogel für den neuen Monat", sagten sie lachend. "Er soll der drei-
zehnte in unserem Tierkreis werden. Dann hat dieser Monat auch
das rechte Zeichen."

Und so blieb es. Schon im alten Orient hat man den drei-
zehnten Monat - so erzählt es die Geschichte - dem Raben zuge-
teilt, und die Schaltjahre galten seit jeher als Unglücksjahre.
So hat das arme Flügeltier, das an allem keinerlei Schuld trifft,
den bösen Spottnamen erhalten, und alle Welt redet gern von
dem Unglücksraben.

Ende

Die Kometenreise

Es war einmal ein lieblicher, kleiner Engel, vielleicht ein wenig zu gescheit und voll wunderlicher Wünsche, als daß er so recht fromm und heilig hätte sein können. Dieser kleine Engel hieß Ileia. Wenn Ileia über die blaue Himmelswiese schritt, war es, als tanze sie nach einer heimlichen Melodie. Die Wolkenschäfchen drängten sich um sie und jedes wollte ihr am nächsten sein. Aber Ileias Wünsche zogen hinaus in die Weite, die tausend Wunder barg. Und eines Tages, als der alte Petrus mit seinem goldenen Himmelsschlüssel am Himmelstor saß, trat Ileia leise zu ihm und setzte sich zu seinen Füßen. „Ich möchte so gern einmal auf eine weite, weite Reise gehen", sagte sie und sah hinaus in die Ferne. „Gestern sah ich einen Kometen, ganz nah am Himmelsfenster zog er vorüber, dann verschwand er dort hinter den hellen Sternen." Petrus sah auf die kleine Ileia hinab. „Lieber Petrus, laß mich einmal mit über den Himmel fliegen!" bat Ileia und sah ihn mit großen Augen an. „Hm", machte der alte Petrus und wiegte den Kopf, „du stellst dir das so einfach vor." Er dachte nach und rieb sich das Kinn. Aber als er ihre bittenden Augen sah, sagte er: „Na ja, wir wollen sehen. Komm morgen um die gleiche Zeit noch einmal her." Im Weggehen winkte er ihr noch mit der Hand zu.

Den ganzen Tag saß Ileia am Himmelsfenster und blickte hinaus in die Unendlichkeit. „Morgen fahre ich durch die Welt", flüsterte sie den Wolkenschäfchen zu, denn daß Petrus ihre Bitte erfüllen würde, das wußte sie ganz gewiß. Und so kam es auch. Am anderen Tag stand vor dem Himmelstor ein herrlicher Komet mit einem riesenlangen Schweif, der fast über den halben Himmel ging.

183

184

Petrus winkte Ileia heran. „Das ist wohl keine allzu feste Kutsche", sagte er schmunzelnd, „aber wenn man so federleicht ist wie du, wird es schon gehen. Sei nur recht vorsichtig und fahre nicht zu nah an den Sternen vorüber, sonst muß dein Kometenvogel Federn lassen und kann zuletzt nicht mehr in den Himmel zurückfliegen." „Ja, lieber Petrus, ich will alles tun, wie du es sagst und recht brav sein." sagte Ileia. Sie hüpfte vor Freude und setzte sich dem Kometen auf den Hals. „Du darfst auch nur im Sonnenreich bleiben. Und komm bald zurück", rief Petrus noch und sah Ileia zum Abschied nach. „Hü, mein schöner Vogel", sagte Ileia, als das Himmelstor verschwunden war und klopfte dem Kometen auf den Hals. „Klopfe nicht", sagte der Komet streng, „du bringst meine Stäubchen durcheinander!" Ileia sah sich ihr Gefährt genauer an. Es war wirklich nichts als ein großer Kopf, in dem allerlei Stäubchen und Klümpchen durcheinanderwirbelten. Ein feiner, weicher Nebel hüllte ihn völlig ein. Ileia schmiegte sich in den schönen Nebelschleier und blickte zurück auf den langen Schweif, der von zahllosen Sonnenstäubchen glitzerte. Nun fiel auch der erste Sonnenstrahl auf den Kopf des Kometen, und er leuchtete auf in blendendem Licht. Ileia sah durch ihn hindurch, wie durch eine Glaslaterne und erblickte ganz weit unten einen so schönen Stern, daß sie vor Freude in die Hände klatschte. „Wer ist das dort?" fragte sie. „Das ist der Jupiter", erklärte ihr der Komet. „Führ mich doch hin zu ihm", bat Ileia, und schon schoß der Komet hinab zum herrlichen Stern. In hellem Sausen ging es dahin. Ehe Ileia sich recht umgeschaut hatte, lag der Jupiter schon wieder weit hinter ihnen. Da war sie bitter enttäuscht. „Ich habe gar nichts sehen können. Kometlein, kannst du nicht langsamer fahren? Ich möchte am liebsten einmal absteigen und dort bleiben." „Gut", sagte der Komet, „ich setze dich auf dem Jupiter ab. Wenn ein Sternentag vorüber ist, hole ich dich wieder." Sie flogen einen großen Kreis durch alle Sterne, und als sie wieder am Jupiter vorüberkamen, sprang das Englein ab und mitten in die Herrlichkeit hinein. Noch sah es den leuchtenden Schweif davonsausen und blickte ihm nach, da erkannte es neben sich eine prächtige Heldengestalt. „Wer bist du?" fragte Ileia überrascht. „Willst du nicht erst sagen wer du bist, und was du in meinem Reiche suchst?"

Er lächelte, und Ileia blickte in ein leuchtendes, klares Antlitz mit gütigen Augen und festem Munde. „Du bist Jupiter, du bist der Herrscher über Himmel und Erde. Ich weiß es, auch wenn du es nicht sagst." rief Ileia. „Zeige mir doch dein Reich! Immer sah ich vom Himmelsfenster auf die schönen Sterne hinab, aber nun hat der Komet mich hergebracht. Da sprach Jupiter: „Komm, kleiner Engel, ich will es dir zeigen." Er führte sie zu seinem Götterthron, der in den Wolken weithin glänzte. Jupiter setzte sich nieder, und Ileia sah zu seiner Seite, neben dem goldenen Zepter, Donner und Blitz liegen und zu seinem Haupte einen Adler, der sein Bote war. Es war alles so groß und gewaltig, daß ihr kleines Herz erzitterte. Aber als sie ein Blick aus den Augen Jupiters traf, lehnte sie voll Vertrauen den Kopf an seine Schulter und blickte mit ihm durch die lichten Nebelwolken, die sich auf seinen Wink zu teilen begannen. Da sah sie ein herrliches Meergestade, das leuchtete in lichtem Blau und war umsäumt von Palmenbäumen und dichtem Gestrüpp. Auf den Wellen schaukelten liebliche Meeresnymphen und streckten grüßend ihre Arme nach oben. Und inmitten der Schar thronte auf leuchtender Schaumkrone die schönste der Ozeaniden in königlicher Ruhe. „Das ist Metis, die Klugheit", sagte Jupiter, „und dort im heiligen Hain am Ufer steht Athene-Minerva, ihre Tochter, die Göttin der Weisheit, mein liebstes Kind." Ileia sah eine herrliche Jungfrau mit goldenem Helm, den Speer in der Hand. Um sie im Kreise saßen die Mägde, und sie lehrte diese, die Spindeln und Weberschiffchen zu gebrauchen. Dort, wo die Quelle aus dem Gestein brach, blies

186

ein Hirte auf der Flöte. Zu Häupten der Jungfrau hockte in den Zweigen eine Eule. Man nennt sie den Vogel der Weisheit. Jupiters Augen verweilten mit Wohlgefallen auf dem Bilde, bis seine Hand es fortwischte und die Wolken sich zu einem neuen Bild öffneten.

Ein alter Tempel mit mächtigen Säulen stand auf riesigen Felsblöcken, und im Schatten zweier Zypressen zeigte sich eine steinerne Gestalt mit verbundenen Augen, in den Händen eine Waage und einen Palmenzweig. „Hast du von der Göttin der Gerechtigkeit gehört?" fragte Jupiter. „Dort ist ihr Standbild. Dem Geschlecht der Halbgötter, der Titanen, entstammt Themis. Sie richtet über Recht und Unrecht. Sieh hinauf zum Himmel, dort steht ihre Tochter Asträa, die Redlichkeit; die Menschen nennen das schöne Sternbild die JUNGFRAU:" Jupiter winkte; die Wolkenwände begannen zu wallen und eine reiche Halle mit köstlichem Gerät und Kunstwerken, mit glatten Fliesen und einem Springbrunnen lag vor Ileias Augen. Eine schöne, stolze Frau war hier die Herrin. „Juno ist es, meine edle Frau", sagte Jupiter, „von allen Frauen die gütigste. Sie hilft den jungen Müttern ihre Kindlein ans Erdenlicht zu bringen. Unsere Tochter ist Hebe, die Göttin der Jugend. Sie schenkt den Göttern den Becher voll ewiger Kraft und Schönheit. Herkules dem Helden ist sie zur Gemahlin gegeben. Wieder verschoben sich die Wolken. „Sieh weiter", sagte Jupiter. „Dort ist unser kunstfertiger Sohn Vulkan, der Gott des Feuers und Gemahl der holden Venus. Er erfand die Kunst des Schmiedens und schuf viele Waffen und edle Kunstwerke." Ileia sah eine feuerspeiende Werkstatt voll rußiger Gesellen, die rotglühendes Eisen kraftvoll und kunstreich hämmerten und bogen. Schilde und Schwerter blinkten im Schein des Schmiedefeuers. Jupiter winkte, und die Wolkenwand schloß sich vor ihnen. „Alle sind meine

Kinder", sprach Jupiter, „jeder trägt einen Tropfen meines Herzblutes in sich. Möchtest du nicht in meiner Welt bleiben, kleines Engelchen?" Ileia schüttelte den Kopf. „Ich möchte noch so viel sehen. Und sieh, dort kommt auch mein guter Vogel. Darum lebe wohl und habe Dank!" „Wenn du zur Sonne kommst, so grüße mir meine Kinder Venus, Mars und Merkur!" rief Jupiter ihr noch zu, dann sah sie ihn in der Ferne entschwinden, umgeben von seinen dreizehn Monden. „Wohin willst du nun?" fragte der Komet nach einer Weile. Ileia rief nur: „Weiter, weiter!" „Ja", meinte der Komet, „ich denke, wenn schon, dann immer der Reihe nach. Sieh, da kommt Saturn. Du erkennst ihn an seinen leuchtenden Ringen und an den zehn kleinen Monden." „Ach, der schöne Kranz! Der ist wohl ganz von Gold?" staunte Ileia. Aber der Komet lachte: „Nichts als Staub, auf den die Sonne scheint." 'Genau wie bei dir', wollte Ileia sagen, aber sie besann sich und schwieg. „Spring schnell ab!" mahnte der Komet. „Die Planeten sind für mich gefährlich. Sie reißen an sich, was sie kriegen können."

Mit einem Sprung landete Ileia auf dem weichen Boden, doch als sie sich suchend umsah, war nichts weiter als eine Öde weit und breit. „Hallo!" rief sie und hielt die Hände an den Mund. Da standen plötzlich ein hoher Mann mit schneeweißem Bart und eine ebensolche stattliche Frau in schneeweißem Haar vor ihr. „Wer bist du, fremdes Geschöpf, und was suchst du in unserer Einsamkeit?" erklang es streng aus dem Munde des Alten. Doch Ileia plauderte munter: „Ich bin ein Engel und heiße Ileia. Ich wollte die Welt ansehen, und da hat mir Petrus erlaubt, auf dem Kometen durch das Sonnenreich zu fahren. Eben komme ich vom Jupiter, und da wollte ich auch sehen, wie es bei euch aussieht. Seid nicht böse und zeigt mir doch euren Stern." Die beiden Alten sahen sich schweigend an, dann räusperte sich der Alte: „Vom Jupiter - so, so!" Und

wieder schaute er auf seine Gefährtin, und seine Augen blitzten böse. Aber sie faßte beschwichtigend seine Hand. Dann trat sie zu Ileia und umarmte sie. „Komm nur, wir zeigen dir alles. Aber erzähle auch, was du bei Jupiter gesehen hast." Ileia wandte sich um und stand plötzlich in einem wunderbaren Land voll blühender Felder und Gärten, und alles schien erfüllt von glücklichen Menschen. Die Alte sah Ileias Staunen. „Ja, ja, das ist unser Land - es ist das goldene Zeitalter, das wir mit in unsere Einsamkeit gerettet haben. Über die Welt sind nun längst andere Zeiten gezogen. Die Menschen wollten es wohl, und unser Geschenk, die goldene Zeit, ist versunken und vergessen. Hier siehst du noch den Schatten davon. Aber erzähle, was sahst du bei Jupiter?" „Kein Wort von Jupiter!" brummte der Alte. Ileia sah ihn erschreckt an. „Warum seid ihr so böse auf ihn? Ich fand ihn herrlich." „Habe ich nicht allen Grund? Mich, seinen Vater, hat er vom Thron verjagt und sich selbst draufgesetzt." „Ach Väterchen", begütigte Mutter Rhea, „beruhige dich doch. Das ist der Lauf der Welt; wir Alten machen der Jugend Platz." „Platz machen - das schon", grollte der Alte. „Aber erst müssen die Jungen was gelernt haben." Mutter Rhea wollte etwas einwenden, aber der greise Saturn unterbrach sie heftig. „Ich weiß, was du sagen willst. Jupiter war immer dein Liebling. Aber willst du behaupten, daß es die Welt unter seiner Herrschaft besser habe als zu meinen Zeiten?" Nun mischte sich Ileia in das Gespräch. „Vater Saturn", sagte sie leise, „jede Zeit hat ihre Gesetze - eure - die Jupiters - und die neue Zeit, die jetzt auf Erden herrscht." „Eine neue Zeit?", fragten die beiden Alten wie aus einem Munde. Ileia nickte. „Die Zeit steht nicht still, was kommt, muß auch vergehen." Lange schwiegen die beiden und sahen vor sich hin. „Mutter, wir sind alt geworden", sagte der Greis schließlich, und Mutter Rhea nickte mit stillem Lächeln vor sich hin. „Da werden wir es wohl vergessen und dem Jungen verzeihen müssen?" Wieder nickte die Alte lächelnd. Dann saßen sie still beieinander, bis der Komet angesaust kam und Ileia fort mußte. „Nun

geht's zum Uranus", sagte der Komet, der sich allmählich in seine Aufgabe geschickt hatte. „Das ist der Altvater des ganzen Geschlechts."

Eine Weile flogen sie schweigend dahin. Dann ging dem kleinen Engel ein Gedanke durch den Kopf. „Warum gehören diese Planeten und so viele Sterne den alten Göttern? Weißt du das?" Aber die Frage setzte den Kometen in Erstaunen. Er hatte darüber noch nicht nachgedacht. „Die kalten Sterne haben doch nichts mit den Göttern gemein?" „Nein", sagte der Komet, „die haben nur so die Namen bekommen." „Nur so?" Ileia schüttelte den Kopf. „Das glaube ich eigentlich auch nicht. Die Menschen haben ihre Götter sehr geliebt und haben sie in den Himmel versetzt, damit sie unvergessen bleiben." „Jedenfalls waren sie dann schon drauf und dran, sie zu vergessen", meinte der Komet gleichgültig. „Ich glaube, die Götter leben ewig, nur gibt ihnen eine neue Zeit neue Namen, neue Bedeutungen.", sagte Ileia nachdenklich.

Nun tauchte in der Ferne der Uranus auf. Er war nicht so schön und groß wie der Jupiter oder der kaum kleinere Saturn. Recht zusammengeschrumpft schien er neben den beiden Mächtigen. Hier war alles grau und leer, doch Ileia betrat ihn und ging, bis der lockere Grund feste Formen gewann. Vor ihren Augen lag etwas, was einer Höhle glich. Darin sah sie zwei uralte Leute. Hand in Hand saßen sie und blickten schweigend zu Boden. Ein Schreck durchfuhr Ileia - leben sie überhaupt noch? Doch als sie sich sachte über die alte Frau beugte, schaute die mit müden Augen auf und fragte: „Was suchst du hier, Kind?" Aber Ileia sah nur, wie schwach und hinfällig sie war. Tiefes Mitleid erfüllte sie und aus ihrem Herzen formte sich die Frage: „Kann ich euch nicht helfen?" Da sah die Alte dankbar zu ihr auf. Nach einem Zögern sagte sie leise:

„Schöpf uns einen Trunk von dem Lebensquell dort aus der Höhle, und trink auch einen Schluck davon." Ileia tat, wie ihr geheißen. Kaum, hatte das Wasser ihre Lippen benetzt, da sah sie plötzlich eine herrliche Welt um sich. Sie eilte zu den beiden Alten und reichte auch ihnen den Trunk. „Wir wollten uns schon zum ewigen Schlaf hinsetzen", sagte der Greis mit dem weißwallenden Haar und blickte auf seine Gefährtin, die ihm liebevoll zunickte, „aber das kann noch etwas warten." „Das Leben ist uns so ferngerückt", fügte die alte Frau hinzu. „Verzeih, Kind, wenn wir dich nicht mehr verstehen können." Wieder versanken sie in Schweigen, doch Ileia blickte auf die neue Welt, die plötzlich vor ihren Augen entstanden war. Berge und Felsblöcke türmten sich aufeinander, fruchtbar lag die Erde und wartete. In mächtigem Bogen wölbte sich der Himmel darüber. „Wer sind die Riesen, die dort über Abgründe springen, Felsblöcke daherrollen und Wolken schieben, wie es ihnen gefällt?" Die Alte hob müde den Blick. „Meine Söhne, die Zyklopen", sagte sie. „Und jene schönen, lichten Riesenmenschen?" wollte Ileia wissen. Wie der Schatten eines Lächelns flog es über das Gesicht der alten Frau. „Das sind die Titanen - auch meine Söhne - das Geschlecht, das nicht einmal die Götter als Herren wollte." Und der Widerschein der Erinnerung lag auf dem runzeligen Gesicht der Alten und ihres Gefährten. „Erzähle weiter!" bat Ileia, doch da fielen der Alten schon wieder die Augen zu, und im Nu war auch das Zauberreich zu Nichts zusammengesunken. Ileia stand wieder alleine da. „Lieber, guter Komet", rief sie ängstlich, „ach, Kometlein, so komm doch!" Und es war ihr erst leichter ums Herz, als sie den sausenden Stern auf sich zukommen sah.

Rasch, so rasch wie ein Gedanke saß sie wieder oben. „Nun geht es zum Neptun", sagte der Komet, „zu dem Bruder Jupiters. Die Alten nannten ihn den Herrscher der Weltmeere." Dieses Mal sprang Ileia nicht so hastig hinab wie sonst. Sie breitete erst ihre Flügel aus und schwebte eine Weile vorsichtig über dem neuen

Stern. Erkennen konnte sie nicht viel. Auch hier schien es erst eine graue, unförmige Masse, ein Wallen und Wogen. Sie konnte sich gar nicht entschließen, hinabzufliegen. Da fiel das Sonnenlicht auf das Grau, und die Strahlen entzauberten ihr ein prächtiges Bild. Auf grünen, schaumgekrönten Wogen wiegten sich wunderliche Gestalten, halb Mensch, halb Fisch - Tritonen mit gebogenen Muschelhörnern und Meernymphen mit seidenweichem Haar. Auf einem Thron von roten Korallen saß Neptun, der Gott dieser feuchten Welt, und schwang seinen Dreizack. Auf den Wellen schwamm eine wunderschöne, milchig-weiße Muschel. Ileia ließ sich herab und setzte vorsichtig den Fuß darauf. Die Schale trug sie, und Ileia freute sich an dem Sprühen und Glitzern ringsumher. Erst da merkte sie, daß an den grünen Algenschnüren drei kleine Seepferdchen vor ihre schwankende Muschel gespannt waren, die sie durch das Tropfengeflimmer zum Throne Neptuns führten. „Was suchst du, fremdes Wesen, in meiner Welt?" fragte der König der Fluten mit einer Stimme, in der das Rauschen des Meeres und das Sausen des Windes klang. Aber die holde Frau im grünen Schaumgewand, die an seiner Seite saß, lächelte ihr freundlich zu. Ileias Augen glitten entzückt über die wiegende, glitzernde Welt, so daß sie keine Worte auf die Frage fand. Da beugte sich der Meeresfürst zu seiner Gemahlin. „Amphitrite", sagte er lächelnd, „führe den kleinen Gast durch unser Reich." Amphitrite nickte und streckte Ileia ihre zarte, schlanke Hand entgegen. Und ehe das Engelchen wußte, wie ihm geschah, versank es mit der grünglänzenden Meereskönigin in den Fluten.

Das war eine neue, nie geschaute Welt! Wie ein schwebender Zauberwald konnte es scheinen. Lange, dünne Algenfäden und grüner Seetang wiegten sich im Wasser, lustige Seepferdchen huschten umher, allerlei Fische, oft schrecklich anzuschauen und dazwischen die bunten Glocken der Quallen. Ileia kam vor Staunen gar nicht zum Fragen, und Amphitrite führte sie mit freudigem Stolz immer weiter. „Gefällt es dir bei uns?" fragte sie lächelnd, und Ileia nickte ihr eifrig zu. „Höre, das sind die Sirenen", sagte die Meereskönigin, und sie lauschten beide einem fernen, traumhaft schönen Klang. „Das sind meine Zaubermädchen. Sie locken die schönen Schiffer zu uns." Sie gingen weiter und sahen die Reste versunkener Schiffe, von schrecklichen Fischen gierig umschwommen. Ileia schauderte. „Und was wird aus den Schiffern?" Amphitrite lächelte. „Das Meer ist unendlich. Viel nimmt es, wenig gibt es zurück." Da wurde es Ileia traurig ums Herz, und sie erkannte, was sich hinter der trügerisch lockenden Schönheit barg. „Laß uns zurückgehen", bat sie. „Bald kommt mein Vogel, um mich zu holen." Im Davonfliegen sah sie noch immer das unergründliche Lächeln der Meereskönigin und war froh, daß sie wieder sicher auf dem Kometen saß. „Wohin geht es nun?" fragte sie, schon wieder voller Neugier. „Dort kommt ein neuer Stern - es ist Pluto, den die Menschen den Gott der Unterwelt nennen. Sieh genau hin."

Ganz langsam flog der Komet über die düstere, schweigende Welt des Todes. Ileia sah ein tiefschwarzes Wasser, durch das ein dunkler Schatten glitt. Ein Fährmann in wallendem Gewand lenkte das Schiff, das die Seelen zum anderen Ufer führte. Schweigend saßen dort blasse, müde Gestalten unter düsteren Zypressen, in ihrer Mitte stand der Thron des Herrschers der toten Welt. Pluto, der Düstere, Schweigende saß darauf, in Sinnen versunken. Sein Haar deckte das blasse, hohle Gesicht. „Flieg weiter, mein Komet, hier ist es schrecklich", bat Ileia. „Du bist so ängstlich wie die Erdenkinder", sagte der Komet. „Aber bedenke, daß hier auch

alles Leid zu Ende ist." „Ach, erzähle mir
von den Menschen, lieber, lieber Komet. Ich
wünsche einmal unter ihnen zu sein!",
sagte Ileia voller Sehnsucht. „Zu denen
paßt du auch hin mit deiner Neugier", sagte
der Komet recht ungeduldig. „Zum Erzählen
habe ich jetzt keine Zeit. Du hast nun alles gesehen, und
jetzt geht es wieder heim!" „Ach, liebes Kometlein, ich
wollte doch so gerne auch Jupiters Kinder sehen: Venus,
Mars und Merkur. Fahr mich doch hin zu ihnen!" „Na ja,
meinetwegen", brummte der Komet, „aber es wird für
mich nicht gut sein, bestimmt nicht. Mir ist schon jetzt so
merkwürdig, so leicht zumute." „Das scheint dir doch nur so, mein
liebes Kometchen. Komm nur, ich steige gleich bei der Sonne ab,
da finde ich sie alle drei."

So ging die Fahrt wieder in großem Bogen zurück - am Totenreich
Plutos vorbei, an dem Meere Neptuns, an Uranus, dem Uralten,
dann an Saturn mit den schönen Ringen. Schon war Jupiter in seinem herrlichen Leuchten an ihnen vorübergezogen, da sah Ileia
vor sich eine schöne, leuchtend blaue Kugel. „Ach, ist die schön!"
rief sie aus. „Da möchte ich bleiben!" Aber der Komet schüttelte
den Kopf. „Das geht nicht. Wir müssen wieder zurück. Wie stellst
du dir das vor? Und überhaupt: wer im Himmel zu Hause ist, der
gehört nicht auf die Erde." So sieht also die Erde aus, dachte Ileia,
und alles Schöne, was der alte Petrus den Engeln von der Erde
erzählt hatte, ging ihr nun durch den Sinn. „Ach, wenn ich nur dorthin könnte!" seufzte sie.

Noch war sie ganz in sehnsuchtsvolles Sinnen versunken, als der
Komet mit einem Ruck stillstand. Und als sie aufblickte, sah sie
gerade in das strahlende, goldene Gesicht der Mutter Sonne, die
ihr freundlich zunickte. Um sie herum standen im Kreise die drei

schönen Götterkinder - Mars mit dem leuchtenden Schwert, die liebliche Venus, in lichte Schleier gehüllt, und der leichtfüßige Götterbote Merkur mit den Flügelschuhen, der ihr mit lustigem Augenzwinkern zuwinkte. „Willkommen!" riefen sie dem Englein zu, das staunend und schweigend vor ihnen stand. „Komm zu uns!" und sie streckten ihm die Hände entgegen, damit es leichter über die Sonnenstrahlenbrücke fliegen konnte, und Ileia eilte freudig in ihre Arme. „Wie hat es dir auf der Reise gefallen?" fragte die Sonnenmutter, und Ileia erzählte, was sie alles gesehen hatte, und je länger sie erzählte, um so mehr fiel ihr wieder ein. „Und wo war es am schönsten?" wollte die Sonne schließlich wissen. Da stutzte Ileia. „Ich glaube, Mutter Sonne, das Schönste, das Allerschönste, habe ich noch gar nicht gesehen - deine kleine Erde." Die Sonne nickte: „Ja - sie ist auch mein Liebstes." Und Venus, die Holdselige, sagte: „Wenn der Abendnebel aus den Wiesen steigt und Himmel und Erde vom Tage Abschied nehmen, weile ich gern bei ihr. Ich hülle mich in meine dichten Schleier und die Menschen sehen nur das helle Leuchten. Der Silbermond ist mein Gefährte. Er begleitet mich auf der Himmelsbahn, und wir schauen hinab auf die Erde und wachen über ihren Schlaf." „Mein rotes Leuchten fürchten die Menschen", sagte der Mars. „Die Krieger schauen nach mir aus, denn mein Licht strahlt ihnen zum Siege. Die weisen Männer haben in alter Zeit oft nach mir gesehen, ob Krieg oder Friede, Glück oder Unheil dem Lande bevorsteht. Den Königen bin ich als Freund willkommen, aber den Übermütigen bringe ich alle Schrecken des Krieges, denn Hochmut brechen die Götter." Der schlaue, gewandte Merkur winkte nur mit der Hand: Ich trenne mich nicht gern von der Sonne. Die Erde lockt mich wenig. Zuviel haben die Menschen schon von mir gelernt, mehr als ihnen zuträglich ist."

Manche Stunde wanderte Ileia mit den drei neuen Gefährten durch die Sternenräume, immer näher kam der Abschied, immer

näher das Ende der schönen Reise. Da wurde das Englein traurig und immer trauriger. Das Sehnen, das ihr im seligen, wunschlosen Himmel keine Ruhe gelassen hatte, war noch nicht gestillt. „Soll ich nun wieder zurück in die Himmelsruhe?" dachte es mit schwerem Herzen. Unterdessen war ein neuer Weltentag heraufgezogen. Mit mächtig brausenden Klängen erstieg die Sonne ihre leuchtende Bahn, und die drei Planeten folgten ihr. Sie winkten dem Engelchen freundlich zu, dann war es allein im Sonnengarten und sann und überlegte und merkte gar nicht, daß der Komet schon da war und ihr winkte. So mußte er schließlich zu ihr in den Sonnengarten hineinfliegen, doch da gab es ein gewaltiges Fauchen und Zischen in der Luft, daß Ileia erschrocken zusammenfuhr. „Schnell! Komm schnell, sonst verbrenne ich!" rief der Komet entsetzt. Dann taumelte er ganz benommen weiter durch den Weltraum. Voller Schrecken sah nun auch Ileia, daß sein schöner, langer Schweif ganz verbrannt war. Aber sie getraute sich nicht, ihm das zu sagen. „Ach du mein liebes, tapferes Himmelspferdchen", sagte sie verzweifelt, „ist es sehr schlimm?" Sie streichelte ihm den verbrannten Hals mit doppelter Zärtlichkeit. Doch dem Kometen tat das Engelchen in seinem Schreck leid und er versuchte, seine Sorge zu verbergen. „Ist nicht so schlimm. In den Himmel bringe ich dich noch. Dann werde ich mich nachher tüchtig erholen. Die Reise war eben ein wenig lang und anstrengend." „Wenn nur alles gut geht!" dachte Ileia und die Mahnungen des alten Petrus fielen ihr ein. Immer wieder streichelte sie den Hals des Kometen. „Mein armes Himmelspferdchen, nun habe ich solch ein Unglück verschuldet", klagte sie, und Tränen rannen ihr übers Gesicht. Aber was half's? Der Komet schwankte immer unsicherer hin und her. „Sei mir nicht böse, mein lieber, guter Komet", flüsterte Ileia. Tausend gute Vorsätze faßte ihr Herz, aber sie halfen nicht mehr. Der Komet schüttelte nur müde den Kopf. „Gleich sind wir im Himmelsgarten", versuchte er sie zu beruhigen, obwohl er wußte, daß er den Weg gar nicht mehr finden konnte. Dann schwiegen beide. Der Komet kämpfte mit letzter Kraft, und das Englein murmelte nur noch mit bebenden Lippen vor sich hin: „Lieber Gott, laß alles noch gut werden!"

Da sah es mit Schrecken, daß der Komet nicht mehr weiterkonnte. Statt vorwärts, ging es zurück. Ileia fand sich nicht mehr zurecht, und ehe sie wußte, was geschah, stießen sie mit Krachen und Zischen gegen den harten Boden. „Oh!" rief der Komet erschrocken aus, „Mein armes Engelchen!" Aber dann sank er mit einem dankbaren Seufzer hin. „Ich bin ja so müde. Wie schön, daß ich endlich ruhen kann!" Ileia sah sich besorgt um und fand sich auf einer wunderbaren, grünen Wiese, und zahllose, kleine, goldene Sonnen strahlten ihr von zarten Blütenstengeln entgegen. „Du armes, armes Engelchen", sagte der Komet nochmals, „nun kann ich dich nicht mehr zum Himmel führen, und du mußt hierbleiben." Und in seinem tiefen Seufzer klang schon ein ganz müdes Gähnen mit. „Wo bin ich denn?" fragte Ileia und sah sich nochmals um. Wälder sah sie und Berge in leuchtendem Sonnenschein, aus blühenden Gärten grüßten fröhliche, rote Dächer. Von der kleinen Holzkirche klang ein feierlicher Glockenton, daß sie betend die Hände faltete. Schließlich fragte sie leise: „Sage mir doch, bitte, wo wir sind!" „Auf der Erde", murmelte schlaftrunken der Komet. Da begannen ihre Hände die kleinen Blütensonnen zu streicheln, und ihr Herz jubelte: „Auf der Erde - der lieben, schönen Erde!"

So ist das kleine Engelchen auf der Erde geblieben und wandert in vielerlei Gestalt unter uns. Seinen schönen Himmel hat es verloren und muß sich nun eine neue Heimat suchen. Jedes gute, warme, liebende Herz ist ihm eine neue Heimat, eine Herberge, und es läßt seinen Himmelssegen darin zurück. Aber wenn es harte Herzen sind, die ihm begegnen, dann weint es vor Einsamkeit und Verzweiflung, vor Sehnsucht nach dem lieben, alten Petrus; doch zum Schluß faltet es seine Hände und bittet den

lieben Gott, er möge ein Wunder tun und auch diese Herzen, durch
seine Liebe, in gute verwandeln.

*Und ob ihr es glauben wollt oder nicht: seine Bitten sind nie
umsonst gewesen - nur, daß sie viele Tränen gekostet haben.*

Ende

Der Mann im Mond

Hinter der weiten Wiese, wo die weißen Nebelfrauen sich abends im Tanze schwingen, lebte der Mann im Mond. Wenn die bunten Abendwolken blasser wurden und mit der Sonne hinter den Bäumen des Gartens niedersanken, stieg er mit seiner Laterne die Himmelstreppe empor und schaute auf die Erde. Sein Licht hatte er ganz schmal gestellt, denn er wollte erst mal sehen, ob die Hühner auf ihren Stangen schliefen und die Vögel in die Nester geschlüpft wären und ob auch alle Kinder brav und zeitig in den Bettchen lägen.

So kam er ganz früh am Abend und schaute in alle Stuben und freute sich, wenn alles recht geschah, und stieg dann bald wieder zufrieden hinab. Abend um Abend kam er, und immer höher stieg er; immer mehr gab es zu sehen, und immer heller mußte er die Laterne stellen, denn seine Arbeit war gar nicht so einfach. Da saß noch ein kleiner Junge beim Lampenlicht über den Schularbeiten. Er hatte den Nachmittag verspielt. „Solch ein Faulpelz!" brummte der Mann im Mond und machte einen dicken, schwarzen Wolkenstrich in den Himmel. Im Speicher jagte ein Kätzchen eine Maus; dort am Giebelfenster zählte ein Fleischermeister seine Taler; ein Dieb schlich durch die finsteren Gassen, und der Nachtwächter an der Ecke schnarchte über seinem dicken Bauch. Da ward der Mann im Mond ärgerlich, und es gab einen schwarzen Wolkenstrich nach dem anderen, bis der ganze Himmel voller Wolken war und weder Mond noch Sterne hervorsahen.

Aber nach ein paar Tagen hatte er den Ärger vergessen. Er winkte dem munteren Ostwind: „Blas doch wieder alle Wolken auseinander!" Und dann ging ein lustiges Gesause über den Himmel los. Die großen Wolkenballen wurden über die fernen Berge geschoben; nur die Lämmerwölkchen durften am Himmel bleiben, und

der Mann im Mond versprach der Sonne, sie wohl zu hüten, die ganze lange Nacht. Nun reichte aber das schwache Licht nicht mehr aus. Er mußte seine Laterne ganz groß leuchten lassen und blies das Licht recht an, daß ein heller Schein um den Mond entstand und alle Wolkenschäfchen silberne Käppchen bekamen.

Das war dann ein lustiges Treiben auf der Himmelswiese. Die kleinen Schäfchen spielten Fangen und drängten sich um den Mond; der Wind tanzte mit ihnen, und die Bäume rauschten die Musik dazu. Nur den Sternen wollte das übermütige Leben nicht gefallen. Sie lieben die Ruhe und haben den Himmel gern für sich alleine. So waren sie weit fortgelaufen und hatten sich versteckt, daß man nur die ganz großen ein wenig aus der Ferne schimmern sah. Aber eines Tages war das lustige Spiel vorbei. Die Wolkenschäfchen waren müde geworden und hatten hinter den fernen Bergen ihre Ställchen aufgesucht. Der Mann im Mond sah mit Schrecken, daß seiner Laterne der Brennstoff auszugehen begann. Er schraubte sie immer kleiner und kleiner, denn er hatte noch eine Menge Arbeit und eine große Reise vor sich, ehe er um die ganze Erde herum gekommen war und dort, ganz am anderen Ende der Welt, sein Lämpchen neu füllen konnte. So wurde er immer sparsamer und stieg immer später die Wolkentreppe hinauf, bis schließlich nur noch ein ganz kleiner, schmaler Streifen von seiner Laterne zu sehen war. „Nun ist es aber Zeit für mich", dachte er besorgt. Er stieg die Himmelsleiter ganz hinab und machte sich auf den langen Weg rund um die Erde.

Die Sterne wanderten wieder allein über den Himmel und funkelten vor Freude immer schöner und schöner, so daß schließlich der ganze Himmel wie ein goldgewebter Teppich aussah.

Ende

210

Die silberne Kugel

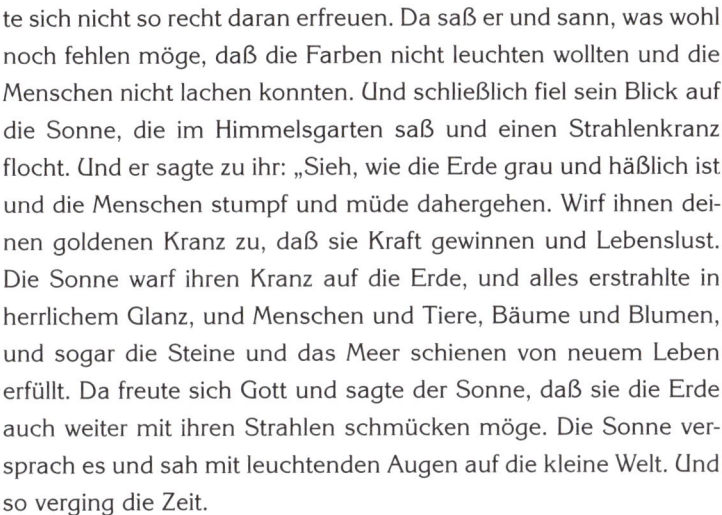

E Es war zu der Zeit, als der liebe Gott die Erde und die Menschen geschaffen hatte und alles, was sie zum Leben brauchten und was ihr Herz erfreuen konnte: Die Berge, das Meer, die Bäume und Felder, die Wolken, die Tiere und die schönen Blumen. Doch als er von seinem Himmelsthron auf sein Werk herabsah, schien es ihm schal und grau, und er konnte sich nicht so recht daran erfreuen. Da saß er und sann, was wohl noch fehlen möge, daß die Farben nicht leuchten wollten und die Menschen nicht lachen konnten. Und schließlich fiel sein Blick auf die Sonne, die im Himmelsgarten saß und einen Strahlenkranz flocht. Und er sagte zu ihr: „Sieh, wie die Erde grau und häßlich ist und die Menschen stumpf und müde dahergehen. Wirf ihnen deinen goldenen Kranz zu, daß sie Kraft gewinnen und Lebenslust. Die Sonne warf ihren Kranz auf die Erde, und alles erstrahlte in herrlichem Glanz, und Menschen und Tiere, Bäume und Blumen, und sogar die Steine und das Meer schienen von neuem Leben erfüllt. Da freute sich Gott und sagte der Sonne, daß sie die Erde auch weiter mit ihren Strahlen schmücken möge. Die Sonne versprach es und sah mit leuchtenden Augen auf die kleine Welt. Und so verging die Zeit.

Im kraftspendenden, glückbringenden Licht der Sonne wuchsen auf Erden tüchtige Menschen heran, und alles, was sie umgab, war schön: In mächtiger Ruhe erglänzte das Meer, gewaltige Felsen türmten sich berghoch, die Tiere waren stark und groß, und die Blumen und Bäume wuchsen in drängender Fülle. Und als eine Zeit vergangen war, erschien der liebe Gott wieder und blickte prüfend auf die Erde. Er fragte die Sonne: „Hast du mein Geheiß er-

füllt?" Die Sonne antwortete: „Ich habe nach deinen Worten getan. Des Tages schenkte ich der Erde Licht und unerschöpfliche Kraft, und des Nachts gab ich ihr tiefen, traumlosen Schlaf. Sieh das Blühen und Gedeihen auf der Erde und sage, ob es gut ist." Und der liebe Gott nickte ihr zu und sprach: „Ja, Sonne, deine Aufgabe hast du erfüllt." Darüber war es Abend geworden, und es dunkelte. Und als Gott länger so auf die Erde hinabsah, wurde er nachdenklich. „Es fehlt noch etwas da unten", sagte er zu sich selbst, „es ist alles gut, aber es fehlt doch etwas." Und er saß auf seinem Wolkenthron und sann und sann und konnte nicht finden, was.

Er sah das Meer und das Gestein, er sah die Tiere und die üppigen Pflanzen, er sah die Menschen, kraftstrotzend, doch mit leerem, kaltem Blick; schön, doch ganz ohne Seele. Da schüttelte der liebe Gott den Kopf und überlegte aufs neue, und während er so dachte, griffen seine Hände eine Handvoll wildes Gestein und kneteten daraus eine Kugel. Und er nahm ein paar kleine, blasse Strahlen, die kleinsten, die er finden konnte, aus dem Kranz der Sonne und wickelte sie um den steinigen Klumpen. Dann hielt er die Kugel in die Luft und ließ sie frei schweben. Aber als er sie betrachtete, war er noch nicht zufrieden. Er berührte sie mit seinem göttlichen Finger, und ein Funke seiner Weltmacht sprang auf die Kugel über und gab ihr geheimnisvolle Kräfte. Aber auch das schien nicht genug. Da hauchte er sie mit seinem Atem an, und der tote Klumpen wurde erfüllt von Seele und erstrahlte in Schönheit. Und Gott nannte die Kugel den Mond und ließ sie allnächtlich am Himmel emporsteigen. Da staunten die Menschen über die leuchtende, silberne Schönheit und vergaßen den Schlaf. Wenn sie ihr Tagewerk mit Fleiß vollendet hatten, freuten sie sich schon auf den Abend, da sie wieder im Silberlicht durch die stillen Felder wandern konnten. Schweigend schauten sie empor und ihre Herzen erbebten.

Auch die Sonne sah die Gewalt des neuen Gestirns, und sie wurde ganz betrübt, daß die Menschen ihrer nun kaum noch achten wollten und klagte es dem lieben Gott. Der aber sprach: "Sieh hinab zur Erde! Ist das Leben der Menschen nicht edler und schöner geworden, ihr Streben nicht reiner? Sieh, wie ihre Augen glänzen vom klaren Feuer und ihre Seelen von heiliger Kraft erfüllt sind." Da schwieg die Sonne und wußte keine Widerrede. Gott aber sprach: „Deine Strahlen brauchen die Menschen Tag um Tag, denn Leben schenkst du der Erde und Kraft. Aber über Klarheit und Kraft hinaus brauchen die Menschen Ahnung und Geheimnis, sonst wird ihre Seele arm. Nur drei Tage wird der Mond voll erstrahlen. Immer sollen die Menschen wissen: Alles Glück und alle Seligkeit wächst langsam, verweilt kurze Zeit und verschwindet wieder in der Ferne der Erinnerung. Sie werden vom Mond das Warten und das Sehnen lernen, das oft das Beste ist im Leben."

Und darum steigt der Mond erst nach vielen dunklen Nächten allmählich wachsend am Himmelszelt empor. Nur kurze Zeit dürfen wir seine schweigende Schönheit bewundern, dann sehen wir ihn wieder allmählich in den fernen Himmelsraum entschwinden.

Ende

Die Kinder der Sonne

Es war einmal an einem Tage, bald nach dem Anfang aller Zeiten, da ging der liebe Gott durch seinen noch jungen Himmelsgarten und freute sich, wie wohl er alles geordnet hatte. Er war mit allem zufrieden und nahm sich vor, noch eine Weile in Ruhe für sich allein zu spazieren, ehe er eine neue Arbeit beginnen würde.

So kam er in eine ruhige, stille Gegend. Niemand begegnete ihm hier, bis er schließlich auf eine schöne, junge Frau traf, die sehr traurig war. Tränenschweren Auges blickte sie auf, als er sie anredete: „Wer bist du und warum weinst du?" „Ich bin die Sonne", antwortete sie, „und ich bin traurig, weil ich so einsam bin. Schön ist dein Garten, unsagbar schön und voller Wunder. Alle sind glücklich in dieser Herrlichkeit, und es ist niemand, der meine Liebe braucht, dem ich mit meinen goldenen Strahlen das Herz wärmen könnte. Allein bin ich mit aller Pracht und Schönheit, und darum muß ich weinen." Da sah Gott sie voll Liebe und Güte an: „Laß das Trauern! Ehe ein Himmelsjahr vergangen ist, wirst du nicht mehr allein sein!" Während sie mit gefalteten Händen dasaß und der Verheißung nachlauschte, war er verschwunden. Doch wie es der liebe Gott gesagt hatte, so geschah es.

Als ein Himmelsjahr vergangen war, und der Herrgott wieder zu ihr trat, lächelte die Sonne ihm entgegen, und auf ihrem mütterlichen Arm trug sie einen lockigen Knaben. Der liebe Gott sah das wohlgebaute Kind und hatte seine Freude daran. „Uranus soll er

heißen", sprach er und streichelte sein krauses Haar, „der weite Himmel soll sein Reich sein." Die Sonne erglühte in stiller Glückseligkeit. Die Zeit ging dahin. Uranus, der Himmelsträger, ward ein stolzer Jüngling, und es kamen die Tage, da ruhten seine Augen mit Wohlgefallen auf Gäa, der lieblichen Jungfrau. Sie wurde seine Gattin, und sie hatten einen Sohn, dem das Glück in die Wiege gelegt war. Das war Saturn mit dem leuchtenden Strahlenkranz. Er war fleißig und weise, und mit ihm begann das goldene Zeitalter.

Rhea, die Mütterliche, wählte er zur Gemahlin. Sie schenkte ihm herrliche Söhne, Pluto, Neptun und den großgewachsenen Jupiter. Voller Freude sah die Sonne auf ihre Kinder und Kindeskinder. Mit mütterlicher Liebe leuchtete sie auf sie hinab, und ihre Wärme gab ihnen Kraft und Stärke. Aber weit führten die Wege der kühnen Söhne und Enkel von ihr fort. Sie zogen eigene Kreise. Als der Herrgott wieder einmal zur goldenen Sonne hintrat, sah er abermals den schmerzvollen und sehnsüchtigen Blick in ihren Augen. „Liebe Sonne", sagte er, „strahlende Söhne umkreisen dich. Stolz müßte dein Herz erfüllen. Doch sehe ich Trauer in deinen Augen. Bist du noch immer allein?" Die Sonne sah in die Ferne, und ein Seufzer kam über ihre Lippen: „Ich habe wohl zu viel Liebe in mir; auch meine stolzen Söhne brauchen mich nicht." Da blickte der Herrgott sie lange an und faßte ihre Hand. „Ich will dir helfen. Warte noch ein Himmelsjahr, dann wird deine Sehnsucht erfüllt werden." Und in seliger Erwartung blieb die Sonne zurück.

Als aber die Zeit um war, lag ein liebliches Mägdelein in ihrem Arm. Es war die kleine Erde. Die glückliche Mutter umfaßte das Kind mit Liebe und blickte zärtlich zu ihm hinab. Sie gab ihm ein leuchtend grünes Gewand und hüllte es warm in ihr goldenes Haar. Mit zarter Hand zauberte sie um das Kind einen hellblauen Lichtkreis und nannte ihn Himmel. Sie schmückte ihn des Tages mit weißen Wolkenschäfchen und abends mit zarten Rosenblüten.

Als die Erde nach einigen Jahren zu einer gesunden, stattlichen Frau herangewachsen war, und der liebe Gott dies eines Tages sah, trat er vor die Sonne und ihre Kinder hin und sagte: „Ihr seid eine gute, liebe Familie. Ihr helft euch in der Not und seid füreinander da. Das ist gut so. Deshalb will ich euch mit einer wichtigen, wertvollen Aufgabe betrauen. Ich möchte, daß meine Kinder, die Menschen, in eurem Kreise leben. Die schöne, junge Erde soll ihnen Heimat und Nahrung geben. Neptun mit seinem Dreizack wird über die grünen Fluten des Meeres, über Wind und Wellen und alle Geschöpfe der Tiefe herrschen, und Pluto, der Stille, wird die Seelen der Menschen nach ihrem Tode in das dunkle Reich der Unterwelt geleiten und dort über die Geister und die Toten wachen." Dann wandte sich Gott an Jupiter: „Jupiter, du als größter und stärkster hier unter der schönen Sonne sollst darauf achten, daß die Menschen in ihrem Leben gut und recht handeln und nicht die Gesetze brechen, die ich ihnen aufstellen werde." Damit verabschiedete sich der liebe Gott von ihnen und ging zufrieden seines Weges.

Die Kinder der Sonne aber waren froh über die Aufgabe, die sie bekommen hatten, und Jupiter schickte der Erde seine Kinder Mars, Venus und Merkur als Hilfe bei ihrer schweren Aufgabe. Die holde Venus wurde die Hüterin der Schönheit und Liebe. Im Abendrot und im Morgenrot leuchtet sie der Sonne entgegen. Ihr Anblick öffnet alle Herzen zum Träumen und zum Glücklichsein, und ihre Klarheit senkt sich in alle Herzen. Mars aber, der Tapfere, der Treue, der sein Schwert erhob, um Unrecht, Betrug und Lüge zu bekämpfen, war immer bereit sein Leben herzugeben für die Sache. Das Dunkle, Falsche hatte vor ihm keinen Bestand. Merkur dann, seinen Jüngsten, machte Jupiter zu seinem Boten, ihm Nachricht zu bringen von den Menschen, ihren Sünden und Ängsten, ihren Fehlern und Sorgen, aber auch von ihren Hoffnungen und Freuden. Dies sind die drei Gespielen, mit denen die schöne

Erde um die Mutter Sonne kreist, Hand in Hand in fröhlichem Reigen. Es ist ein lustiges Spiel, das niemals sein Ende findet.

Doch an schönen Abenden, wenn die Erde müde vom Spiel im Dämmerschein einschläft, steigt Jupiter, der Alte, der Göttervater selber am Himmel empor und schaut mit ruhigem Glanz auf die still ruhende, träumende Erde.

Ende

ANHANG

ÜBERSICHT DER STERNBILDER NACH MÄRCHEN

222

ÜBERSICHT DER STERNBILDER UND STERNE NACH ALPHABET

WISSENSWERTES ZU DEN
STERNBILDERN UND SAGENGESTALTEN

Aldebaran, der rötlich leuchtende Hauptstern im Sternbild Stier. Die aus dem Arabischen stammende Bezeichnung bedeutet „der Nachfolgende". Damit ist gemeint, daß Aldebaran dem Siebengestirn bei der scheinbaren Bewegung am Himmelsgewölbe von Osten nach Westen nachfolgt.

Alkmene, in der griechischen Sage die Gattin des Amphitryon, Mutter des Herakles.

Alkor (arab.), dieser Stern befindet sich gerade über dem Knick der Deichsel des Großen Wagens und wird deswegen im Volksmund oft als „das Reiterlein" bezeichnet.

Amphitrite, in der griechischen Mythologie die Meeresgöttin.

Amphitryon, in der griechischen Sage König von Tiryns, Gemahl der Alkmene.

Argo-Schiff, in der griechischen Mythologie das Schiff der Argonauten. Jason und seine Begleiter, darunter Herakles und Orpheus, fuhren auf der Argo nach Kolchis um von dort das „Goldene Vlies" nach Griechenland zu bringen.

Arktur (griech.), hellster Stern im Sternbild Bootes.

Artemis (röm. Diana), griechische Göttin der Jagd, Tochter des Zeus und der Leto, Zwillingsschwester des Apollo, mit Pfeil und Bogen bewaffnet.

Berenike (Haar der Berenike), Ansammlung lichtschwacher

Sterne zwischen Bootes und Löwe. In diesem Sternbild befindet sich eine große Anzahl von Spiralnebeln, deren Licht 100 Millionen Jahre bis zu uns unterwegs ist. Jedes dieser Weltensysteme ist aus Milliarden von Sonnen aufgebaut, ähnlich wie unsere Milchstraße.

Beteigeuze (arab.), der östliche Schulterstern im Sternbild „Orion". Er ist der Hauptstern dieses Sternbildes.

Bootes (griech.: Bärenhüter), Sternbild des nördlichen Himmels, mit Hauptstern Arktur. Philomeles, nach einer alten Sage Erfinder von Pflug und Wagen, wurde von den Ackerbauern aus Dankbarkeit als „Bootes" neben den Großen Wagen unter die Sterne versetzt. Es ist eines der ältesten Sternbilder.

Cherubim, (von hebräisch: Cherub), im Alten Testament Wächter des göttlichen Thrones (Visionen Hesekiels). Engelwesen mit vier Flügeln und Rad.

Diomedes, sagenhafter König von Thrakien, dessen menschenfressende Rosse von Herakles gebändigt wurden.

Eridanus, in der griechischen Mythologie der Fluß, in den der vom Sonnenwagen herabgeschleuderte Phaeton stürzte. (Fluß der Unterwelt).

Fomalhaut, hellster Stern im Sternbild „Südlicher Fisch".

Gäa, in der griechischen Mythologie Allmutter Erde, Mutter des Himmels, des Meeres und der Berge.

Goldenes Vlies, Fell des goldenen Widders, das die Argonauten eroberten.

227

Hebe, griechische Göttin der Jugend, Tochter des Zeus und der Hera, Mundschenkin der Götter.

Herkules (griech.: Herakles), Sohn des Zeus und der Alkmene. Immer mit Keule in der Hand und mit Löwenhaut bekleidet dargestellt. Kennzeichen des als Person dargestellten Sonnengottes. Die zwölf Aufgaben des Herkules stehen für den mühseligen Weg der Sonne durch die zwölf Tierkreiszeichen.

Juno, altitalische Göttin, ursprünglich weiblicher Schutzgeist, dem männlichen Genius entsprechend, dann der Hera gleichgesetzt, Gemahlin Jupiters.

Jupiter (lat. Juppiter), römischer Himmelsgott, entspricht dem Zeus der Griechen. Gott der Blitze und des Donners. Als Planet ist er der fünfte und größte des Sonnensystems.

Kassiopeia, in der griechischen Mythologie Mutter der Andromeda, wegen frevelhaften Prahlens von Poseidon bestraft. Als Sternbild wegen seiner Form auch oft das Himmels "W" genannt, in unseren Breiten stets über dem Horizont zu sehen.

Kastor und Pollux, Hauptsterne im Sternbild der „Zwillinge". Dieses Sternbild erschien im Monat nach dem Abschluß der Feldbestellungen. Bei assyrischen und altägyptischen Bauern war es in dieser Zeit üblich eine Familie zu gründen. Kastor strahlt weißliches, Pollux gelbliches Licht aus.

Kepheus (Cepheus), der griechischen Sage nach war Kepheus der König von Äthiopien und Gemahl der Kassiopeia.

Kometen, Schweifsterne, ihr Kern ist aus Eis- und Staubteilchen zusammengesetzt. Der Durchmesser kann 1 bis 50 km betragen.

Kometen kreisen in stark elliptischen Bahnen um die Sonne, dabei werden in Sonnennähe Teilchen durch die Sonnenstrahlung vom Kometen weggerissen, die dann den markanten Schweif bilden. Der Schweif ist immer von der Sonne weg gerichtet und kann einige Millionen Kilometer lang werden. So verliert ein Komet im Laufe der Zeit immer mehr von seiner Substanz, die auf seiner Bahn zurückbleibt. Stößt die Erde auf ihrer Bahn um die Sonne in diese mehr oder weniger breiten Teilchenschwärme, so sehen wir am Nachthimmel besonders zahlreiche Sternschnuppen.

Krebs, aus dem alten Ägypten als Bild des heiligen Skarabäuskäfers übernommen. Sternbild der Sommersonnenwende, weil die Sonne im schiefen Gang nach rückwärts weicht. Seit 430 v.Chr. nachgewiesen.

Mars, ursprünglich altitalischer Bauerngott, Schutzherr der Fluren. In Rom National- und Kriegsgott. Vierter Planet in unserem Sonnensystem, rotleuchtend.

Merkur (lat. Mercurius), römischer Gott des Handels, dem griechischen Hermes entsprechend. Als Planet ist er der kleinste und sonnennächste, deshalb nur in der Abend- oder Morgendämmerung zu beobachten.

Met, Honigwein der Germanen.

Milchstraße (Galaxis), das schwach leuchtende, unregelmäßig begrenzte Band, das sich längs eines größten Kreises am Himmel hinzieht. Es ist die Hauptebene eines abgeflachten, linsenförmigen, rotierenden Sternensystems, dem alle sichtbaren Sterne und unsere Sonne angehören.

Mira, der Wunderstern. Im Rhythmus von 330 Tagen wechselt er seine Helligkeit um das Tausendfache.

Mizar (arab.), im Sternbild „Großer Wagen". Er wurde 1650 als Doppelstern entdeckt.

Mond, kreist in 27,3 Tagen einmal um die Erde und dreht sich dabei einmal um seine Achse. So zeigt er uns immer dieselbe Seite. Er strahlt kein eigenes Licht aus, sondern reflektiert das Licht der Sonne. Sein Durchmesser beträgt 27% des Erddurchmessers, also 3476 km. Der Mond ist von der Erde 384.400 km entfernt. Er besitzt kein Wasser und keine Lufthülle.

Neptun (röm. Neptunus), Gott unbekannten Wesens. Für uns erst greifbar, seitdem er dem griechischen Poseidon gleichgesetzt wurde. Als Gott des Meeres verlieh er glückliche Fahrt oder sandte Stürme, See- und Erdbeben. Es ist der achte Planet in unserem Sonnensystem.

Nessus (Nessos), Zentaur der griechischen Sage.

Oheim, älteres Wort für Onkel.

Orion, gilt als das auffälligste Sternbild, das von unseren geographischen Breiten aus vollständig beobachtet werden kann. Es ist eines der ältesten Sternbilder (vorgriech.). Unsere Vorfahren haben im Winter an seiner Stellung die Stunden der Nacht abgelesen.

Ozeaniden, Töchter des griechischen Meeresgottes Okeanos. Die bekannteste dieser Meeresnymphen ist Metis.

Pegasus, in der griechischen Mythologie geflügeltes Roß, das durch die Lüfte rast und auf dem Berge Helikon die Musenquelle

Hippokrene aus dem Gestein schlug, daher auch Musenroß. Nach Hesiod (8.Jh. v. Chr.) göttlich-dämonisches Wesen, lebte auf dem Olymp, trug Blitze und Donner des Zeus.

Pluto (Pluton, Plutos), griechischer Gott des Reichtums und des Überflusses, Sohn der Demeter, seit dem 6.Jh. v. Chr. auch Herr der Toten und damit Hades gleichgesetzt. Der neunte und sonnenfernste der bis jetzt bekannten großen Planeten. Erst 1930 entdeckt.

Polarstern, auch Nordstern genannt, da er immer genau in Richtung Norden steht. Hauptstern im Sternbild „Kleiner Wagen" (Kleiner Bär). Die Bezeichnung Polarstern rührt daher, daß dieser Stern verhältnismäßig nahe am nördlichen Himmelspol liegt, und sich alle anderen Sterne um ihn zu drehen scheinen.

Prokyon (griech.), der hellste Stern im Sternbild „Kleiner Hund"

Regulus (lat.), der hellste Stern im Sternbild „Löwe".

Rhea, in der griechischen Mythologie Tochter des Uranus und der Gäa, Schwester und Gemahlin des Kronos, Mutter des Zeus.

Rigel, der hellste Stern im Sternbild 'Orion', der westliche der beiden Fußsterne.

Saturn, alter, aber nicht einheimischer römischer Gott des Ackerbaus, dem griechischen Gott Kronos gleichgestellt. Der gleichnamige Planet hat einen freischwebenden Ring aus Gesteinsbrocken unterschiedlichster Größen, und ist der sechste Planet in unserem Sonnensystem.

Seraphinchen, (von hebräisch: Seraph). Nach Jesaia 6, 2-3 sechsflügeliges Engelwesen, das über dem thronenden Herrn schwebt und das „Dreimalheilig" singt. Die Seraphim bilden einen der neun Engelchöre.

Sirius, der hellste Fixstern des Himmels (außer der Sonne) und Hauptstern im Sternbild „Großer Hund".

Skorpion, Sommersternbild, war bis vor 13.000 Jahren vollständig bei uns zu sehen, heute befindet sich ein Teil immer unter dem Horizont.

Sonne, Zentralkörper unseres Sonnensystems (Planetensystem), hat als Erzeugerin des Lichtes und des Lebens im Denken der Menschheit immer eine große Rolle gespielt und ist in vielen Religionen als Gottheit verehrt worden. Ihr Durchmesser beträgt 109 Erddurchmesser, ihre Oberfläche ist 11.918 mal so groß wie die Erdoberfläche und ihr Rauminhalt ist 1.301.000 mal so groß wie der der Erde. Sie dreht sich in 24,65 Erdentagen einmal um ihre eigene Achse und bewegt sich außerdem (mit dem ganzen Planetensystem) mit einer Geschwindigkeit von 19,5 km in der Sekunde in Richtung auf das Sternbild des Herkules. Die Sonne besteht hauptsächlich aus Wasserstoff und Helium. Ihre Oberflächentemperatur beträgt 6000° C.

Spika (lat. Spica = Kornähre). Der hellste Stern im Sternbild „Jungfrau".

Sternbilder, die Fixsterne hat man zum Teil schon seit uralter Zeit zu Sternbildern zusammengefaßt, die nach Tieren, Personen und verschiedenen Gegenständen benannt sind. Dem Menschen der Frühzeit diente jede Beobachtung der Sterne zunächst nur zur Erhaltung seines Lebens. Vor allem waren es Zeitmarken und Wegweiser in der Nacht.

Sternschnuppen (Meteore), kleine Himmelskörper, die aus dem Weltraum in die Erdatmosphäre eindringen und bei ihrer großen Geschwindigkeit durch die Reibung mit der Luft zum Glühen kommen (aufleuchten). Während jeder Nacht fallen 50 - 150 einzelne Sternschnuppen, die mit dem bloßem Auge sichtbar sind.

Teiresias, blinder Seher der griechischen Mythologie aus Theben. Enthüllte unter anderem das Schicksal des Ödipus.

Theben, alte, griechische Stadt nordwestlich von Athen. Nicht zu verwechseln mit Theben in Altägypten.

Titanen, in der griechischen Mythologie die sechs Söhne und sechs Töchter des Uranus und der Gäa, die von Zeus in einem gewaltigen Kampf besiegt wurden.

Uranus (Uranos), in der griechischen Mythologie Gemahl der Gäa und Vater der Titanen.

Venus, italische Frühlings- und Gartengöttin, später der griechischen Aphrodite gleichgesetzt als Göttin der Schönheit und der Liebe. Das hellste und schönste Gestirn wurde nach der Göttin Venus benannt. Es ist der zweite Planet im Sonnensystem und geht entweder vor der Sonne im Osten auf oder leuchtet als Abendstern nach Sonnenuntergang im Westen. Deshalb dachten unsere Vorfahren ursprünglich, daß es sich um zwei Sterne handle.

Vulkan (Vulcanus), römischer Gott des Feuers, dem griechischen Hephäst entsprechend, ebenfalls kunstfertiger Schmied.

Walfisch (lat.: Cetus), ausgedehntes Sternbild der Äquatorzone, im Herbst und Winter am Abendhimmel sichtbar.

Zyklopen (Kyklopen), einäugige Riesen der griechischen Mythologie, die für Zeus Blitze und Donnerkeile schmieden. Sie sollen auch die Erbauer der Burgmauer von Tiryns und Mykene gewesen sein. Der bekannteste der Zyklopen ist Polyphem (Odyssee).

BIOGRAPHISCHE NOTIZ ÜBER DIE AUTORIN
ELLEN SEELER

1906
Als Tochter des Requisiteurs Johann Straus in Riga geboren, Schulbesuch in Petersburg und bis zum Abitur (1925) in Riga

1926 - 28
Kaufmännische Ausbildung

1928
Erste Veröffentlichung von Reportagen und kleineren Beiträgen in der „Rigaischen Rundschau"

1931
Heirat mit dem Setzerei-Leiter John Seeler, der bereits 1941 stirbt

1939
Aussiedlung nach Stettin

1940 - 43
Intensive Beobachtung des Sternhimmels als Vorbereitung zu den Geschichten

1940 - 45
Aufenthalt in Posen, weiterhin laufend Beiträge in Zeitungen und Zeitschriften, darunter ein Interview mit Nico Dostal

1943 - 45
Entstehung der vierundzwanzig Sternenmärchen
1945 - 46
Aufenthalt in Niederwiesa bei Chemnitz, Tätigkeit als Russischlehrerin
1946
Umzug nach Halle/Saale
1948
Dolmetscherexamen und Veröffentlichung der ersten zehn Sternengeschichten im Ernst Wunderlich-Verlag in Leipzig
1949
Zweite Auflage der zehn Sternengeschichten
1950
Flucht mit ihren drei Kindern in den Westen nach Reutlingen, dann wohnhaft in Stuttgart und seit 1965 wohnhaft in Leonberg
1966
Nach der Pensionierung viele Übersetzungen aus dem Russischen, vor allem über Tschechow, Stanislawsky und das Moskauer Künstlertheater (diese Arbeiten befinden sich heute im theaterwissenschaftlichen Institut der Universität München)
1973 - 77
Veröffentlichung von etwa dreißig Romanen im Kelter-Verlag, Hamburg unter dem Pseudonym Ellen Bertram
1977
Entstehung verschiedener Theaterstücke und Hörspiele, besonders erwähnenswert „Die Schleife um den Mond", mit dem Thema des ersten Mondfluges
1991
Privater Neudruck der seit vierzig Jahren vergriffenen Sternenmärchen zusammen mit neu dazugekommenen, jetzt insgesamt vierundzwanzig Geschichten. Die vorliegende Ausgabe umfaßt diese und zwei weitere Geschichten.

Text gefunden in der Old
Saint Paul´s Church in
Baltimore, Neuengland,
datiert 1692.

(Desiderata)

Taschenbuch
Umfang 32 Seiten

ISBN 3-929371-07-3

Dir wünsche ich
GLÜCK

DM   9,80
EUR 5,00

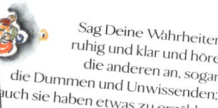

Sei gelassen inmitten
von Lärm und Hast
und denk an den Frieden,
der in der Stille liegen kann.
Soweit dies möglich ist,
ohne Dich selbst aufzugeben,
vertrage Dich gut mit allen Leuten.

Sag Deine Wahrheiten
ruhig und klar und höre
die anderen an, sogar
die Dummen und Unwissenden;
auch sie haben etwas zu erzählen.

5

Wünsche mit Mandala-
Illustrationen, die über
2000 Jahre alt sind.

Taschenbuch
Umfang 32 Seiten
ISBN 3-929371-05-7

DM   9,80
EUR   5,00

All das wünsche
ich Dir...

Ich wünsche Dir
genügend Erholung
und ausreichend Schlaf,
Arbeit, die Freude macht,
Menschen, die Dich mögen
und bejahen
und Dir Mut machen.

Ich wünsche Dir Menschen,
die Dir in Weisheit, Güte
und Liebe begegnen,
die Dich bestätigen,
Dich anregen,
die Dir Vorbild sein können
und die Dir weiterhelfen,
wenn Du traurig bist –
und müde – und erschöpft.

Unter Verwendung von
Texten Johannes XXIII.

Taschenbuch
Umfang 32 Seiten

ISBN 3-929371-08-1

DM 9,80
EUR 5,00

Dir wünsche ich
Gelassenheit

Morgen wird die Sonne aufgehen,
entweder in ihrem vollen Glanz
oder hinter einer Wolkenwand.

Aber eins steht fest:
Sie **w i r d** aufgehen!

Bis sie aufgeht, sollten wir
uns nicht über Morgen Sorgen
machen,
weil Morgen noch
nicht geboren ist.

Nur für heute . . .

. . . werde ich ein genaues
Programm aufstellen. Vielleicht
halte ich mich nicht genau
daran, aber ich werde es
aufsetzen. Und ich werde
mich vor zwei Übeln hüten:
der Hetze und der
Unentschlossenheit.

24